Vivre
sans Julie

Elizabeth Benning

Traduit de l'anglais par
MARIE-ANDRÉE WARNANT-CÔTÉ

Les éditions
Héritage inc.

Données de catalogage avant publication (Canada)

Benning, Elizabeth

Vivre sans Julie

(Un jour à la fois)
Traduction de : Life without Alice.
Pour les jeunes de 12 à 14 ans.

ISBN 2-7625-8126-5

I. Titre. II. Collection.

PZ23.B455Vi 1995   j813'.54   C95-940935-1

Life Without Alice
Copyright © 1993 Kimberly Morris
Conception graphique de la couverture : © 1993 Daniel Weiss
Associates, Inc.
Publié par HarperPaperbacks, une division de HarperCollins*Publishers*

Version française
© Les éditions Héritage inc. 1995
Tous droits réservés

Dépôts légaux : 3e trimestre 1995
Bibliothèque nationale du Québec
Bibliothèque nationale du Canada

ISBN : 2-7625-8126-5   Imprimé au Canada

LES ÉDITIONS HÉRITAGE INC.
300, rue Arran, Saint-Lambert (Québec) J4R 1K5
(514) 875-0327

CHAPITRE 1

Laisse-moi t'expliquer : ma sœur Julie serait capable de parler à une plante et d'obtenir une réponse en retour, peut-être même des blagues et des vantardises. Quand on pense à Julie, on pense à une personnalité brillante, si tu vois ce que je veux dire.

Moi, je serais plutôt du type « plante ». Je ne sais jamais quoi dire, particulièrement aux garçons. Habituellement, je préfère lire et écrire dans mon journal au lieu de sortir. Et je ne sais jamais quoi porter.

En fait, maintenant qu'on a emménagé à Somerval, juste avant notre entrée au secondaire, même Julie ne sait pas trop à quoi s'attendre. Par contre, elle est prête pour une « mission de reconnaissance », comme elle dit.

Elle nous déniche un accoutrement d'« espionne » : verres fumés, casquettes de baseball et imperméables longs que nous portons le col relevé et la ceinture serrée.

L'agente Julie et l'agente Élisa. Espionnes identiques, jumelles identiques. On rit aux éclats quand on se voit dans le miroir : même déguisées, on est pareilles.

— Notre objectif, aujourd'hui, est la surveillance, dit Julie en cachant ses cheveux sous sa casquette. Pas question de prendre contact avec la population locale. On se contente d'observer. Tu comprends ? Il ne faudrait pas qu'on fasse nos débuts à Somerval avant de savoir quoi porter.

— Parfaitement ! dis-je en effectuant mon plus beau salut militaire.

— Bon, allons-y.

On se dirige en douce vers la porte d'entrée, en s'exerçant à se déplacer en espionnes, quand maman nous aperçoit.

— Mais où allez-vous dans ces accoutrements ? nous demande-t-elle en riant.

— Désolée, mais nous ne sommes pas autorisées à divulguer cette information pour le moment, répond Julie d'un ton confidentiel.

— Ça vaut mieux pour toi, dis-je d'une voix grave. Le moins tu en sais, le moins tu cours de danger.

— D'accord ! D'accord ! dit-elle en riant. Si vous êtes ensemble, je ne serai pas inquiète. Je sais que vous prendrez soin l'une de l'autre.

Elle a raison. Julie et moi, on veille toujours l'une sur l'autre. On n'a pas le choix, puisqu'on vit seules avec maman. Papa est mort dans un accident d'auto quand on était toutes petites. Je ne m'en souviens pas du tout, mais maman dit qu'il était quelqu'un de très bien. Et je sais que c'est vrai parce qu'elle n'aurait pas choisi n'importe qui. Et en plus, il y a un peu de lui en Julie et en moi, pas vrai ?

On laisse maman continuer à vider les boîtes du déménagement et on commence notre mission d'observation de la population adolescente locale. On a emménagé à Somerval parce que maman a obtenu une promotion à la compagnie qui l'emploie. Elle est conseillère en administration. Ne me demande pas ce que ça veut dire, parce que j'ai l'impression que ça change chaque semaine. Tout ce que je peux te dire, c'est qu'elle est contente de sa promotion et du déménagement.

Étant donné qu'on va commencer le secondaire, je ne suis pas aussi contente qu'elle. Je me dis que ce sera déjà assez difficile d'entrer au secondaire sans avoir à le faire dans une nouvelle école où on ne connaît personne.

Julie ne voit pas les choses de la même manière. À son avis, la situation est à notre avantage.

— Penses-y, m'a-t-elle dit. Quand tu entres au secondaire avec des élèves que tu connais depuis la maternelle, tu es avec des gens qui t'ont vue vomir à la cafétéria et pleurnicher parce que tu ne pouvais pas jouer le rôle de la fée. Comment veux-tu être perçue comme une personne raffinée dans ces conditions ?

Elle s'est croisé les bras et a continué :

— Les élèves de Somerval ne nous ont jamais vues avec un appareil dentaire, ni avec un attirail de cow-girl en polyester, ni avec cette croûte

9

bizarre qui nous bouchait le nez à chaque rhume. Ça veut dire qu'à partir de maintenant on peut être qui on veut. On peut choisir un surnom, s'habiller à la dernière mode, être les super géniales du secondaire.

Elle marquait un point.

On a passé beaucoup de temps à chercher des surnoms. Julie aimait bien « Épine » et « Corneille ». Je les trouvais trop branchés sur la scène *heavy metal*. Moi, j'aimais mieux des surnoms plus dignes, comme « Muffin » et « Poulou ». Comme on ne réussissait pas à s'entendre, on a abandonné l'idée des surnoms pour se concentrer sur les vêtements.

C'est le but de notre « mission d'espionnage ». On est à Somerval depuis deux semaines seulement. On a passé presque tout notre temps à s'installer dans notre nouvelle maison et on n'a pas encore rencontré quelqu'un de notre âge. C'est parfait. Ce qu'on veut, c'est de ne pas se faire remarquer. On veut observer ce que portent les ados à Somerval, avant de dépenser une fortune pour créer notre nouvelle image.

À Somerval, il y a six cinémas, deux arénas, un casse-croûte qui semble joyeusement achalandé et une salle de danse. Comparée à la petite ville d'où on vient, Somerval est un paradis pour les ados.

On surveille d'abord le casse-croûte. Installées sur un banc de l'autre côté de la rue, on observe les clients entrer et sortir.

— Bon ! dit Julie. D'après ce que je vois, je

dirais que le fil conducteur est un mélange de punk, de funk, de *prep* et de *grunge*.

— Je te crois sur parole, dis-je. Tout ce que je peux dire, c'est qu'il n'y a rien dans nos garde-robes qui ressemble à ce qu'ils portent.

— Affirmatif! Sans y réfléchir plus longtemps, je dirais qu'il faut un renouvellement complet de notre garde-robe.

— Ça va coûter cher, dis-je.

Julie me regarde par-dessus ses lunettes en souriant.

— Je vais te dire comment on va procéder, dit-elle.

J'ouvre le bal au souper.

— Maman, est-ce que des entreprises te consultent pour améliorer leur image?

— Oh! absolument! répond maman. L'image d'un individu ou d'une entreprise est très souvent responsable de son succès ou de son échec.

— Quand tu parles d'« image », intervient Julie en ouvrant de grands yeux innocents, est-ce que tu parles de la façon de s'habiller ou de choses comme ça?

— Tu simplifies trop, répond maman. Mais, oui, la façon dont les gens s'habillent pour le travail influence la perception que leurs collègues et leurs clients ont d'eux.

— À l'école, aussi, dit Julie. J'ai remarqué que la façon dont un élève s'habille a une influence sur sa facilité à s'intégrer ou non.

11

— Tu as raison, Julie, approuve maman. C'est pourquoi je pense que les uniformes ont du sens. Les uniformes créent une impression d'unité et renforcent le sentiment de partager les mêmes buts.

Je m'étouffe avec une gorgée de lait et Julie a l'air alarmée. La conversation ne va pas du tout dans la direction qu'on veut.

— Hum! Ouais, dit vivement Julie. Mais il n'y a pas d'uniforme à l'école secondaire de Somerval.

— Je sais, dit distraitement maman. C'est dommage.

Julie me donne un coup de pied sous la table et je dis aussitôt :

— Mais est-ce que les gens ne sont pas plus productifs lorsqu'ils peuvent développer leur potentiel en tant qu'individus ?

— Exactement! souligne Julie. Est-ce que les gens ne sont pas de meilleurs élè… employés lorsqu'ils ont une image positive d'eux-mêmes ?

C'est là que maman commence à avoir la puce à l'oreille.

— Quel est le but de cette conversation ? demande-t-elle d'une voix soupçonneuse.

Oh! bien, après quatorze ans de vie commune, tu ne peux pas t'attendre à ce que ta mère se laisse prendre aux mêmes vieux pièges !

— Les vêtements ! disons-nous ensemble.

— C'est bien ce que je pensais. Qu'est-ce que vous avez en tête ?

Je sais que maman a eu une augmentation de salaire, mais elle doit être encore plus importante que je ne le pensais.

Julie et moi, on a plusieurs billets de banque en poche à notre arrivée au centre commercial de Somerval. On passe deux heures à faire le tour, question de découvrir les richesses du territoire.

Ensuite, on mange une crème glacée au comptoir d'un casse-croûte. Julie s'y fait un ami pour la vie en disant au vendeur qu'il ressemble à Christophe Lambert.

— Puis qu'est-ce que tu en penses ? me demande-t-elle en léchant sa cuillère pleine de crème glacée. Au sujet des vêtements, je veux dire.

— Allons-y pour un mélange de punk, de funk, de *prep* et de *grunge*.

— Excellente décision ! Mais pareilles ou pas pareilles ? Voilà la question !

— Je dirais : pareilles. C'est amusant de porter la même chose et, de plus…

Je fais une moue, comme le fait maman quand elle veut signifier qu'elle parle sérieusement, puis je poursuis :

— … je pense à quel point ça va améliorer notre impression d'unité et notre sentiment de partager les mêmes buts.

— Je ne suis pas sûre, Élisa. Tu ne penses pas que ça peut avoir l'air… bébé de s'habiller de la même façon ?

Elle a dû voir la déception sur mon visage parce qu'elle suggère d'un ton joyeux :

13

— Et si on était pareilles en général, mais pas dans le détail ? Des couleurs différentes, par exemple. Parce que tu as raison. Si on trouve la bonne combinaison, elle sera deux fois plus efficace en double. On veut qu'ils nous remarquent et, à deux, c'est mieux. Ça l'a toujours été.

— Ça le sera toujours.

— Je veux qu'on connaisse tout le monde et que tout le monde nous connaisse. On sera de toutes les fêtes, de tous les groupes. Je veux que nos années de secondaire soient les plus mémorables de toute notre vie.

Ses yeux brillent d'excitation. Comme d'habitude, son enthousiasme est contagieux. Avec Julie, le secondaire va être à tout casser.

Acheter des vêtements n'a jamais été mon sport préféré. Je laisse donc ma sœur faire les choix les plus importants. Pendant que Julie regarde les minijupes en cuir, je fouille dans les chaussettes. La vendeuse vient me proposer son aide. Avant même de pouvoir lui répondre, je sens l'atmosphère de la boutique changer. Les clients sont figés en regardant vers la porte d'entrée.

Quatre filles entrent d'un pas assuré : une grande blonde, deux brunes et une rousse marquées des lettres invisibles POPULAIRES. Ne me demande pas comment je sais qu'elles sont populaires. Je le sais, c'est tout. Elles ont cet air particulier aux gens populaires. On le sent dès qu'on se trouve en leur présence.

Notre popularité, à Julie et à moi, a connu des hauts et des bas durant nos années de primaire. On a commencé par un bas : on nous laissait à l'écart. Mais on a fini par être acceptées. En général, on ne fait pas tellement attention aux fluctuations de notre popularité. Acceptées ou rejetées, ma sœur et moi, on a toujours du bon temps ensemble.

Les quatre filles rient et regardent qui est dans la boutique. Les yeux de la grande blonde clignent lorsque son regard passe sur moi et là, devine ce qui arrive ! C'est ça : Julie s'avance droit sur elle en souriant et en lui parlant. Et la grande blonde lui répond et lui sourit.

Il y a des jours où je n'ai pas le courage de rencontrer des inconnues, surtout quand elles sont superbes, désinvoltes et populaires. Je me cache donc derrière le présentoir de chaussettes et je fais la conversation à la vendeuse.

Elle me décrit ses projets d'avenir dans le merveilleux monde de la mode. Du coin de l'œil, je surveille ce qui se passe entre Julie et les quatre filles, tout en restant soigneusement dissimulée derrière les derniers modèles de socquettes.

Je vois bien que ma sœur me cherche des yeux, mais je suis d'humeur timide et je ne me montre pas.

Finalement, Julie quitte les filles et commence à me chercher dans la boutique. Quand elle me découvre, elle m'attrape par le bras et me tire hors du magasin comme si elle m'avait surprise en train de piquer. Je n'apprécie pas particulièrement son attitude : (a) je tiens toujours une paire de socquettes que je n'ai pas payée ; (b) la vendeuse arrivait à la partie intéressante de sa vie, où elle m'expliquait à quel point elle est plus intelligente que son patron.

— Hé ! dis-je. Cette fille est la responsable du rayon des chaussettes.

— Elle pourrait aussi bien être à la direction de La Baie, je m'en fiche. Il faut se parler. As-tu vu ces quatre filles qui sont entrées ensemble ?

— La grande blonde, les deux brunes et la rousse ?

— C'est ça.

— Non, je ne les ai pas vues.

— Ce sont les meneuses de claque de l'école, dit Julie en souriant.

— Non ! Ce n'est pas vrai. Quelle surprise ! Je ne l'aurais jamais deviné.

— Je pense qu'on devrait leur en donner pour leur argent, ajoute-t-elle en riant.

— De quoi parles-tu ?

— Je parle d'impressionner l'école secondaire de Somerval au grand complet. Je parle de popularité. Je parle de sorties. Je parle de garçons.

— Je ne sais toujours pas de quoi tu parles.

— Je parle d'essayer de nous faire accepter dans l'équipe des meneuses.

J'ouvre la bouche de Julie et je fais semblant de regarder à l'intérieur en criant :

— Ohé ! Il y a quelqu'un ? Et je répète comme un écho : Ohé !... Ohé !... Ohé !...

Je secoue la tête en disant :

— Je m'en doutais : c'est vide. Ça me fait de la peine de te l'apprendre, Julie, mais tu as perdu la tête.

— Je n'ai pas perdu la tête, dit-elle en riant. J'ai tous les renseignements. Il y a deux places libres, parce que deux filles ont laissé l'équipe au cours de l'été. On va essayer. On n'a rien à perdre. On va s'amuser.

— Leur as-tu dit que tu voulais tenter ta chance ?

— Non. Je voulais t'en parler avant. Qu'est-ce que tu en penses ?

— Tu as besoin d'aide. Tu en as besoin tout de suite, avant qu'il soit trop tard. Aujourd'hui, l'équipe de meneuses. Demain, la conquête du monde. Où vas-tu t'arrêter, Julie ? Où ?

Elle éclate de rire et insiste :

— Dis oui, Élisa. On était des meneuses l'an passé.

— C'était au primaire, fais-je remarquer. Et puis c'est comme un concours de popularité. On ne connaît personne ici. Qui votera pour nous ?

— Tous ceux qui nous verront faire notre numéro. On sera tellement bonnes qu'ils ne pourront pas s'empêcher de voter pour nous. Te rappelles-tu le discours que maman a fait lors du colloque annuel de sa compagnie, l'an dernier ? Elle a dit que le secret du succès est de viser haut et de ne pas se laisser intimider.

— La motivation, c'est bon pour la publicité, dis-je en riant.

Mais malgré moi, je nous imagine agitant des pompons devant des garçons qui font la queue pour nous donner rendez-vous.

•

CHAPITRE 2

— C'est un S !

Je hurle cette phrase pendant qu'on se contorsionne, Julie et moi, pour ressembler à cette lettre.

— C'est un O !

On pivote pour former un cercle parfait et on garde la pose.

C'est la semaine avant la rentrée des classes. On s'est entraînées tout l'après-midi, dans la cour arrière. J'ai repris les bans de notre ancienne école et les ai réécrits pour épeler le nom de Somerval. Julie, elle, a inventé une toute nouvelle chorégraphie.

— C'est un M !

Je commence à bouger les bras et les jambes pour essayer de former la configuration compliquée de cette lettre, mais Julie brise soudain la formation et se laisse tomber sur une des chaises de jardin.

— Attends une minute, dit-elle.

— Qu'est-ce que tu as ?

Elle secoue la tête et dit d'une drôle de voix :

— J'ai seulement besoin de me reposer une minute.

Elle se masse les tempes. Je lui demande :

— Veux-tu qu'on arrête l'entraînement ?

Ça ferait mon affaire. Il fait très chaud. Je lève la tête pour que la petite brise me rafraîchisse le cou.

Je regarde Julie et j'éclate de rire. En louchant, elle me cadre la tête avec ses mains, à la manière d'un cameraman. Mal de tête ou non, Julie ne peut jamais rester tranquille très longtemps.

— Que fais-tu ? lui demandé-je.

— J'essaie d'imaginer de quoi on aurait l'air avec des cheveux courts.

— Courts comment ?

— Vraiment courts. J'ai découpé une photo dans un magazine.

Elle fouille dans sa poche et me tend la photo. Je suis sidérée : je n'aurais jamais pu imaginer mes cheveux aussi courts. Mais je peux voir que ça nous irait. Le modèle nous ressemble : de grands yeux bleus, un visage en forme de cœur, des cheveux bruns. Par contre, Julie et moi, on a de longs cheveux raides depuis la cinquième année.

— Je ne suis pas sûre, dis-je. Des cheveux aussi courts, ce n'est pas vraiment moi.

— Non, réplique Julie en souriant. Mais c'est *nous*.

Une heure plus tard, je me retrouve assise dans un fauteuil, au salon de coiffure, en train de me faire raser l'arrière de la tête et de me faire coiffer l'avant en frange épaisse.

On rit et on fait les folles. Le coiffeur doit s'arrêter toutes les deux minutes pour rire à son aise. Ma sœur n'arrête pas de mettre sa tête près de la mienne pour s'assurer que les coupes sont identiques.

— C'est trop long du côté droit, lui dit-elle.

— Laisse-le travailler tranquille, dis-je. Sinon, je risque de commencer l'année scolaire avec une oreille en moins.

Julie se met la main sur le front et se laisse tomber dans le fauteuil à côté de moi.

— Hé! dis-je. C'était juste une blague. Julie?

J'ai peut-être été trop brutale. Parfois, je donne l'impression d'être fâchée, même si je ne le suis pas.

— Ça va, grogne-t-elle. J'ai juste mal à la tête.

— Encore!

Julie a commencé à souffrir de migraines un peu avant notre déménagement.

— Désolée, dit-elle avec un soupir. Je ne sais pas pourquoi j'ai toujours mal à la tête.

Pendant que le coiffeur va lui chercher des comprimés, je regarde dans le miroir nos deux têtes aux coupes identiques.

Je me sens tendue. Soudain, tout me semble accablant: nouvelle ville, nouvelle maison, nouvelle école, nouveaux vêtements, nouvelle coupe de cheveux, nouvelle équipe de meneuses. Pas étonnant que Julie ait mal à la tête.

— Avouons-le, dis-je, la rentrée est particulièrement énervante cette année. On n'a peut-être pas la constitution nécessaire pour affronter le secondaire. Ça me rend nerveuse.

— Ne t'inquiète pas, dit Julie en arrêtant de se frotter les tempes. On va vivre l'année la plus formidable. Fais-moi confiance. Je veux qu'on s'amuse vraiment, Élisa. Je nous vois déjà dans les couloirs de l'école, très décontractées. Les garçons viennent nous parler. Tout le monde nous salue en passant. J'ai hâte.

Et tout à coup, moi aussi j'ai hâte.

Le premier jour d'école est plus difficile que prévu. Presque tous les élèves ont l'air plus âgés, plus désinvoltes et plus dynamiques que nous. Je pense qu'on est folles d'essayer de faire partie de l'équipe des meneuses. Il faut que j'en parle à ma sœur. Être ambitieuses est une chose. Tenter de devenir meneuses, c'est de l'orgueil.

Je n'ai pas eu un seul cours avec Julie de toute la matinée. À l'heure du dîner, je vais à la cafétéria avec mon lunch. Tu sais, ma sœur et moi, on a consacré beaucoup de temps à réfléchir à cette question de lunch.

À notre ancienne école, les élèves branchés apportaient leur lunch dans des sacs en papier. Les autres achetaient les menus équilibrés établis par madame Olivier, la délicate diététicienne de l'école qui pesait au moins cent kilos.

Mais une de nos cousines nous a appris que

c'est le contraire à son école : les branchés mangent les repas chauds, et les autres apportent leur lunch.

— J'apporte mon lunch, ai-je déclaré. On ne connaît rien de cette cafétéria. On ne sait pas quelle horreur ils peuvent mettre dans notre assiette !

— Exact ! a approuvé Julie. Mais on ne peut pas se permettre de se tromper. Si les sacs à lunch ne sont pas branchés, on va attirer l'attention de la mauvaise façon. Tu ne voudrais pas revenir à la réunion des anciens dans vingt ans et te faire dire : « Oh ! oui, Julie et Élisa... *elles apportaient leur lunch.* »

Comme toujours, elle a raison.

— On pourrait cacher nos sacs dans nos cartables, ai-je proposé. Comme ça, on aura le temps de juger la situation. Si c'est correct d'apporter son lunch, on n'aura qu'à sortir nos sacs. Sinon, personne n'aura besoin de savoir que nous en avons un.

C'est là que maman a explosé.

— Grand Dieu du ciel ! Quelle différence que vous achetiez vos lunchs ou que vous les apportiez ? dit-elle en posant brusquement sa tasse dans la soucoupe.

Les parents ! Ils ne savent rien, et tu ne peux pas leur expliquer.

Julie et moi, on a donc quitté la maison, ce matin, avec un lunch et de l'argent de poche.

Dans la cafétéria, je repère une fille à l'air branché avec un sac à lunch à la main, alors je me dis que c'est correct de sortir le mien. Je viens juste de passer la porte à deux battants quand j'aperçois ma sœur.

Avec qui est-elle assise ? Avec les filles branchées, évidemment : la blonde, les deux brunes et la rousse du centre commercial, plus deux autres filles que j'ai déjà remarquées parce qu'elles tenaient de beaux garçons par la taille.

Julie parle à ces filles superbes comme si elles étaient ses meilleures amies. Regardant ma sœur d'un œil objectif, je comprends qu'elle savait ce qu'elle faisait avec cette coupe de cheveux, qui va parfaitement bien avec sa veste de denim et ses longues boucles d'oreilles. Elle ne détonne pas dans le groupe. Puis je pense que si Julie a cette image, moi aussi je l'ai. Ça me donne un peu d'assurance.

— Élisa ! crie-t-elle en m'apercevant. Viens !

Si ma sœur n'était pas avec elles, je n'aurais jamais l'audace de parler à ces filles, encore moins de m'asseoir à côté de la blonde. Mais je t'avoue que je me débrouille très bien, avec grâce et naturel, s'il vous plaît.

— Salut ! dis-je en ouvrant mon sac à lunch très lentement.

Je lance à Julie un regard significatif. Elle grimace un peu pour retenir un éclat de rire, puis elle fait les présentations :

— Élisa ! Voici Catherine, Brigitte, Jacqueline, Sonia, Sarah et Patricia.

Je suis contente que mon prénom se termine par un « a ». C'est un signe des dieux de la popularité. À moi, la réussite sociale ! Il n'y a qu'à tendre la main et...

— Vous êtes des jumelles ! s'écrie Brigitte en nous regardant tour à tour. Incroyable !

Quelle intelligence !

— Est-ce que vous vous habillez toujours de la même façon ? demande Sarah en échangeant un regard amusé avec Brigitte.

Il y a une toute petite teinte de moquerie dans sa voix. Peut-être que, Julie et moi, on a gaffé. Peut-être que c'est ridicule de porter des ensembles semblables, même s'ils ne sont pas pareils dans le détail. C'est un suicide social !

Julie saisit l'occasion au vol, sans problème.

— Bien sûr, dit-elle en riant. Si Dieu avait voulu qu'on soit différentes, il aurait fait un garçon d'Élisa.

Ah ! Ah ! Ah ! Tout le monde rit et je sens la tension se relâcher.

— Est-ce que vous réussissez à tromper les profs, vous savez, comme faire les examens à la place de l'autre ? demande Jacqueline.

— Si je la paie assez cher, répliqué-je.

Elles rient encore, et moi aussi. Ah ! Ah ! Ah ! On devient très intimes.

— Vous êtes correctes, les jumelles, dit Sarah.

Tu vois ce que je veux dire ? Donne deux minutes à Julie pour apprivoiser la foule et la faire manger dans sa main. L'heure du dîner est à peine entamée et on est déjà acceptées dans le groupe des branchées.

Catherine, la grande blonde, sort son lunch du sac et nous demande :

— Qu'est-ce que vous pensez choisir comme activité parascolaire ?

— La même chose qu'à notre ancienne école : on était meneuses de claque pendant les parties de football, dit Julie d'un ton léger.

Catherine lève brusquement la tête. Il y a un silence. Les filles ont l'air absolument offusquées. C'est un tel faux pas. Même à mes yeux, Julie paraît incroyablement présomptueuse.

Je me fais toute petite. Je ne peux pas voir ça. Les déesses de la popularité ont senti l'odeur de l'orgueil. Elles ont été mécontentées, la punition va suivre. J'essaie d'éviter la foudre de leur colère en fouillant dans mon sac à lunch. Bien sûr, c'est lâche. Mais au moins, je ne me cache pas sous la table, comme je voudrais réellement le faire.

Mais Julie les regarde, comme si elle ne se rendait pas compte de sa bévue et demande calmement :

— Le concours a lieu lundi prochain, pas vrai ?

Quel courage ! Quels nerfs d'acier ! Quelle folie !

Julie et Catherine se défient du regard. Catherine cligne la première, puis elle adresse un petit sourire tendu à Julie.

— Oui, répond-elle.

Elle soupire, puis elle commence à parler d'une voix très douce, très patiente, comme si elle parlait à un enfant pas trop brillant :

26

— En tant que capitaine, je dois vous avertir que faire partie de l'équipe des meneuses est un grand honneur, ici, à Somerval. Vous êtes nouvelles et…

Elle hausse les épaules, puis conclut :

— Disons qu'il serait assez inhabituel que deux nouvelles soient acceptées.

Ma sœur mord dans son sandwich et réplique joyeusement :

— Qui ne risque rien n'a rien.

Les filles échangent un regard du genre « Pour qui se prend-elle ? » J'ignore si Julie le voit. Mais moi, je le vois et je sens mon visage devenir cramoisi.

Quand la fin du dîner sonne, Julie et moi, on quitte la cafétéria ensemble. Dès qu'on est toutes seules, ma sœur me demande :

— Puis ? Qu'est-ce que tu en penses ?

— Je pense qu'on va nous expulser d'ici.

— Pas du tout ! s'écrie Julie. Ce n'est qu'un test qu'elles nous font passer. Elles essaient de nous impressionner. Mais on va leur montrer. On va écraser les autres concurrentes. Tout ce qu'on a à faire, c'est de s'entraîner, s'entraîner, s'entraîner !

CHAPITRE 3

— Après nos achats, on va faire quelques heures d'entraînement, dit Julie.

— Combien allons-nous en faire encore ?

J'en suis rendue à en rêver la nuit, les muscles de mes jambes me font constamment souffrir.

— Autant qu'il le faut, répond ma sœur.

Je lève les yeux au ciel. C'est samedi matin, le premier samedi depuis le début des classes. On est en route vers le centre commercial.

— Savais-tu que l'équipe de Somerval a remporté la compétition provinciale l'année dernière ? dis-je en soupirant.

— Pourquoi es-tu si négative ?

— Je ne suis pas négative. J'essaie d'être réaliste.

— Tu es négative. On peut faire tout ce qu'elles font, et peut-être mieux encore. Pourquoi manques-tu toujours de confiance comme ça ?

Elle est vraiment fâchée, et il y a une petite brisure dans sa voix, comme si elle allait pleurer.

Ça me prend par surprise. C'est moi, la fille aux sautes d'humeur. Elle n'a pas l'habitude de me tomber dessus comme ça.

Ça me blesse et ça doit paraître sur mon visage. Elle se met la main sur le front et commence à le frotter.

— Excuse-moi. J'ai mal à la tête et ça me rend bougonne.

Encore un mal de tête ! Qu'elle le veuille ou non, Julie est stressée. Surtout à cause de moi. Elle se défonce pour qu'on profite de cette année d'école et, plutôt que de l'aider, je traîne les pieds et je me plains.

Elle passe son bras autour de mes épaules et dit :

— S'il te plaît, excuse-moi. Je ne comprends pas pourquoi je suis de si mauvaise compagnie ces temps-ci.

— Veux-tu te taire ? dis-je, me sentant coupable. Tu n'es pas de mauvaise compagnie. Regarde comme on s'entend bien.

Elle rit et ses traits se détendent un peu.

— Tu as raison, je suis négative, ajouté-je. Qu'on nous accepte ou non dans l'équipe, on va faire les essais. On va s'amuser et, au moins, ils vont nous remarquer.

— Hé ! Julie ! crie-t-on derrière nous.

On se retourne. Un beau garçon s'avance vers nous. Je l'ai aperçu plusieurs fois dans les couloirs de l'école. Il ne passe pas inaperçu : grand et blond, il a cette sorte de teint qui paraît constamment bronzé.

Julie prend une profonde inspiration et l'expression de souffrance s'efface de son visage.

— Souris ! me souffle-t-elle entre les dents. Il est en troisième secondaire.

Je fais un grand sourire.

— Bonjour, Jocelyn ! dit-elle.

Jocelyn nous adresse un sourire amical mais timide.

— C'est la première fois que je vous vois côte à côte, dit-il. C'est stupéfiant !

On lui rend son sourire. Ça nous amuse quand les gens remarquent notre ressemblance.

— Comment ça va ? demande-t-il. Vous vous y retrouvez dans la ville ?

— Oh ! certainement ! répond Julie. Voici ma sœur Élisa.

Jocelyn sourit, mais ne trouve rien à dire. Pas de problème, Julie s'occupe de la conversation. Bientôt, on se dirige tous les trois vers le centre commercial. Julie parle de l'école, de sports et de cinéma. En un rien de temps, Jocelyn devient très bavard et, même moi, je participe à la conversation.

Tout à coup, Jocelyn s'arrête.

— Hé ! les filles ! La conversation est tellement intéressante que je suis allé trois rues trop loin.

On reste un moment ensemble à l'intersection et il ajoute :

— Il y a une soirée, tout à l'heure, chez Maryse Coaillier. Si vous voulez y aller, je passerai vous chercher et on ira ensemble. Ça vous permettra de rencontrer des gens.

— C'est une bonne idée, dit Julie.

Cela me paraît une bonne idée, à moi aussi.

Jocelyn se met les mains dans les poches et dit :

— Bon ! Je passerai chez vous vers vingt heures, alors. À tout à l'heure.

Il traverse la rue.

Dès qu'il est assez loin, ma sœur lâche un cri perçant.

— C'est génial ! Une soirée. Et chez une fille de troisième secondaire. Tu t'imagines ? C'est le summum !

— On va recommencer ! dit Julie. Je me sens mieux maintenant.

— En es-tu sûre ? On s'entraîne depuis des heures. C'est la deuxième fois que tu te sens étourdie. Et tu te tiens encore la tête comme si tu avais mal.

— Je me sens mieux, insiste-t-elle. On va répéter une dernière fois.

— Si on se fatigue trop, on risque de se blesser. De toute façon, il faut qu'on se prépare pour la soirée.

— Je te promets que c'est la dernière fois.

Elle lève les mains au-dessus de sa tête pour se préparer à exécuter la roue. Et là, elle se plie en deux et se met à vomir.

C'est si soudain que je ne sais pas comment réagir. Maman nous observait sûrement par la fenêtre parce qu'elle arrive en courant avec une serviette humide. Julie se redresse un peu, puis se met à pleurer. Ses bras et ses jambes tremblent.

Maman et moi, on la soutient pour l'amener jusque dans son lit.

C'est probablement la grippe ou quelque chose du genre, non ? C'est ce que maman dit. Mais ça ne me rassure pas complètement.

— Je ne peux pas avoir la grippe, marmonne Julie un peu plus tard. On a une soirée.

— Je vais appeler pour annuler.

— Je te défends d'annuler ! Tu vas aller à cette soirée. Comme ça, tu pourras tout me raconter.

— Toute seule ?

— Tu n'y vas pas toute seule. Tu y vas avec Jocelyn. Toi et Jocelyn, en couple, comme pour un rendez-vous d'amoureux.

— Hé ! dis-je en commençant à devenir nerveuse. Ce n'est pas un rendez-vous.

— Oui.

— Non !

Elle se laisse retomber sur ses oreillers en gémissant.

— D'accord ! D'accord ! dis-je. Si ça peut te faire plaisir, on va considérer que c'est un rendez-vous. Je suppose que, dans les faits, c'en est un : un garçon, une fille, une soirée.

— Une soirée chez une fille de troisième secondaire ! souligne Julie qui commence à avoir l'air excitée, malgré son teint grisâtre. Mets ta jupe de denim et tes boucles d'oreille argent. Ça sera super quand tu danseras. Je t'imagine... avec des tas de gens qui t'entourent en riant.

— Oh ! c'est super, des tas de gens qui rient de moi !

— Pas *de* toi. De ce que tu racontes, parce que tu es comique.

— Ah ! bon ! dis-je en faisant semblant de rougir. Tu dis ça juste parce que tu es ma jumelle et que c'est écrit dans le contrat.

— Tu vois ! Tu es comique, dit-elle en gloussant. Sois toi-même, ce soir. Tu auras un succès fou. Il fait encore chaud, la soirée aura probablement lieu dehors.

Elle s'installe confortablement contre ses oreillers et commence à décrire cette merveilleuse soirée où je serai le centre d'attraction.

C'est une bonne histoire. Si bonne que je finis par y croire et par oublier que Julie ne m'accompagne pas.

La sonnerie de la porte d'entrée retentit et c'est alors que ça me frappe. Je me sens comme une doublure qui prend la place de la vedette, un parachutiste qui saute de l'avion sans parachute, un…

— Pourquoi restes-tu plantée là ? me demande Julie. Va ouvrir. Non, attends !

Je reste figée.

— Élisa, dit-elle, tu es sur le point d'aller à ton premier rendez-vous. Comment te sens-tu ?

Comment je me sens ? Excitée à mort. Si je n'étais pas aussi heureuse, je vomirais.

CHAPITRE 4

J'aimerais pouvoir te dire que mon premier rendez-vous est un événement incroyablement romantique, la rencontre de deux esprits, de deux cœurs, de deux âmes unies par le destin dans le sous-sol de Maryse Coaillier.

En fait, c'est plutôt une suite de pauses maladroites et de longs silences pendant lesquels on observe des jeunes de notre âge qui s'observent les uns les autres.

Au début, j'ai peur que Jocelyn soit déçu de l'absence de Julie.

Ensuite, j'ai peur qu'il s'imagine que, ma sœur et moi, on a tout machiné parce qu'il me plaît.

Puis j'ai peur que...

Oh ! de toute façon, tu vois ce que je veux dire !

Il semble que je plaise à Jocelyn. Il va me chercher à boire, il danse avec moi et tout ça.

C'est le côté conversation qui cause problème. Sans Julie, on semble incapables de trouver un sujet intéressant. Je fais quelques blagues pas très drôles. Il rit poliment. Après ça, le désert. Je décide que si je n'ai plus jamais de rendez-vous pour le reste de ma vie, ça sera parfait : c'est trop stressant.

Curieusement, nos silences ne semblent pas déranger Jocelyn. Il sourit beaucoup et, chaque fois qu'une pause devient trop pénible, il va nous chercher quelque chose à boire.

Catherine et les autres meneuses sont là. Elles sont amicales et demandent toutes des nouvelles de Julie. J'explique que ma sœur a attrapé une sorte de microbe.

Ensuite, la conversation retombe.

Qu'est-ce que je donnerais pour que ma sœur soit là !

Enfin, après une centaine d'heures environ, la soirée se termine et Jocelyn me raccompagne à la maison. Il me tient même la main.

Devant la porte d'entrée, il y a une autre pause étrange, puis il fait le plongeon.

J'aimerais pouvoir te dire que mon premier baiser est absolument merveilleux, un pétillement d'étincelles, un feu d'artifice.

C'est surtout mouillé. Et je suis bien trop énervée pour mettre en pratique toutes les techniques que, ma sœur et moi, on a soigneusement étudiées.

Lorsque j'entre dans la maison, je me sens bizarre. Je suis sortie avec un garçon. Et pas Julie. J'ai été embrassée. Et pas Julie. J'ai l'impression d'avoir pris quelque chose qui lui était destiné. Je ne peux pas en profiter parce que je me sens coupable. C'est difficile à expliquer.

Je monte l'escalier et entre dans la chambre sur la pointe des pieds.

— Alors ? dit dans le noir une voix bien éveillée. Est-ce qu'il t'a embrassée ?

Julie allume et on éclate de rire.

— Comment te sens-tu ? lui demandé-je.

— Beaucoup mieux. Raconte-moi tout.

Je m'assieds sur son lit et je lui raconte la soirée en détail. De temps à autre, elle pousse un petit cri et applaudit.

À présent, ma sortie n'a plus l'air si ordinaire.

Je suis allée à une soirée chez une fille de troisième secondaire avec un garçon plus âgé que moi. Et pour couronner le tout, il m'a embrassée.

Quelle nuit ! Il suffisait de la revivre avec ma sœur pour qu'elle devienne réelle.

Julie dort tard le lendemain. Maman me demande de rester hors de la chambre pour ne pas la réveiller. Je termine mes devoirs, puis aide maman à vider des boîtes.

Pendant qu'on vide la dernière boîte, maman pousse un cri joyeux :

— Les voilà ! Dieu merci, je pensais qu'elles étaient perdues à jamais !

À l'entendre, on croirait qu'elle vient de retrouver un objet de valeur. Mais ce sont seulement des photos qu'elle a prises au fil des années.

— Je croyais qu'on les avait jetées par mégarde. Mais elles étaient cachées parmi tous ces vieux dossiers. Depuis des années, je veux les coller dans des albums. Mais je n'en ai jamais le temps. Regarde celle-ci !

Maman me tend une photo de Julie et de moi assises dans une petite piscine en plastique. Elle en sort une autre.

— J'ai toujours aimé cette photo de toi. Tu es si jolie avec ce chandail !

La photo a été prise l'été dernier. Je ne l'aime pas autant que maman. Je ne peux pas dire quoi, mais quelque chose dans cette photo me dérange et me rend triste. Peut-être que c'est parce que je suis seule, alors que je suis avec ma sœur sur toutes les autres photos.

— Regarde ! dit maman en riant.

Je ris moi aussi : c'est une photo d'Halloween où, ma sœur et moi, on est déguisées en Hansel et Gretel.

On passe une heure à regarder les photos. Je m'amuse tellement que j'oublie le nœud qui me serre le ventre. Je m'en souviens quand je vois une photo de Julie et de moi en uniforme de meneuse au primaire.

Le concours pour entrer dans l'équipe des meneuses a lieu demain. C'est demain que, Julie et moi, on va devenir des héroïnes ou les pires idiotes de l'histoire de l'école secondaire de Somerval.

— On ne sera pas de retour avant dix-sept heures, annonce Julie à maman, au déjeuner. Le concours a lieu aujourd'hui.

Julie n'a plus la grippe et est en grande forme.

37

Elle me sourit et je lui rends son sourire, ce qui n'est pas facile. Je n'ai jamais eu si peu envie de sourire de toute ma vie. J'irais plutôt me cacher dans le garage.

J'ai fait des cauchemars toute la nuit. Il y en avait même un où Julie disparaissait.

— Écoute, Julie, dit maman, je ne veux pas que tu aies de trop grands espoirs. Vous êtes nouvelles dans cette école. Ne vous attendez pas à être acceptées aussi vite.

C'est exactement ce que je pense.

Mais Julie me fait un clin d'œil.

— Ces filles sont lamentables ! dis-je.

On a vu six filles faire leur numéro. Sur les six, il n'y en a que deux qui avaient assez de synchronisme pour marcher et mâcher de la gomme en même temps. Je commence à croire en nos chances. On passe les dernières. Parmi les spectateurs, il y a une vingtaine d'enseignants en plus des élèves.

— On va les éblouir, dit Julie avec assurance.

Sur le terrain, Catherine écrit quelques mots sur son bloc-notes, puis regarde dans notre direction en annonçant :

— Julie Ouimet et Élisa Ouimet !

Comment te dire ? On est fantastiques ! À l'instant où on commence notre numéro, je sens l'auditoire devenir attentif. On saute. On culbute. Nos roues et nos grands écarts sont des chefs-d'œuvre de synchronisme.

Les spectateurs se lèvent et nous font une ovation monstre.

On salue.

Les applaudissements se calment finalement et on retourne s'asseoir. Je demande à Julie :

— Qu'est-ce que tu en penses ?

— Même si on n'est pas acceptées, on peut être très fières. On formait vraiment une équipe, dit-elle avec un large sourire.

Catherine et quelques autres meneuses viennent vers nous.

— Beau travail ! dit Catherine. Je croyais que vous vous vantiez, mais j'avais tort.

— Alors, on est acceptées dans l'équipe ? demande Julie.

— Dès maintenant, répond Catherine.

Elle nous tend une feuille de papier à chacune en disant :

— Voici le calendrier des réunions. Vous manquez plus de cinq réunions et vous ne faites plus partie de l'équipe.

Elle nous tend une autre feuille.

— Voici le calendrier des parties. Vous en manquez plus de deux et vous ne faites plus partie de l'équipe.

Elle nous tend une autre feuille.

— Voici les règles de conduite d'une meneuse. Si vous ne les respectez pas, …

— … vous ne faites plus partie de l'équipe, dis-je.

Ma sœur me lance un regard furieux, mais Catherine n'est pas offensée. Elle trouve ça drôle.

— D'accord, dit-elle en riant, j'exagère un peu, mais je veux que vous compreniez que nous sommes très fières de notre équipe. Nous voulons que vous en soyez fières, vous aussi.

Elle secoue la tête comme si elle n'arrivait pas à croire ce qu'elle a vu.

— Vous êtes vraiment spéciales, toutes les deux.

Tout à coup, ce n'est plus la même du tout. Quand elle quitte son air autoritaire, Catherine est plutôt aimable.

— Il faut encore obtenir l'autorisation de l'école, dit-elle. Ne vous inquiétez pas, c'est une simple formalité. Personne n'a jamais aussi bien fait que vous, les filles.

Julie et moi, on claque nos paumes ensemble. Les meneuses rient.

Puis je claque ma paume sur celle de Catherine et, en un rien de temps, on se bouscule toutes joyeusement. Je comprends alors que le secondaire va être une vraie fête. Comme si elle lisait dans mes pensées, Sarah me dit :

— On va s'amuser avec vous, les jumelles, je le devine. Elle se tourne vers les autres et propose : Mettons nos affaires dans nos casiers et allons manger.

Les spectateurs viennent nous féliciter. Jocelyn est parmi eux. Il me sourit et dit :

— C'était super ! Où avez-vous appris tout ça ?

Je lui parle de nos cours de gymnastique.

— Et où est Julie ? demande-t-il.

C'est là que je réalise qu'on est seuls. J'aperçois les meneuses qui se dirigent vers le gymnase.

Julie et Catherine se parlent. Les autres filles les suivent. Ma sœur se tourne et dit quelque chose qui fait rire Brigitte. Sarah fait un petit pas de danse qui la mène jusqu'à Julie et lui prend le bras.

Tout à coup, j'ai peur. Julie n'est pas seulement ma sœur. C'est ma meilleure amie. Que se passera-t-il si elle s'entend bien avec les autres filles et si elle n'a plus de temps à me consacrer ?

Quelle pensée déprimante !

Mais ma sœur s'arrête et regarde alentour, comme si elle avait oublié quelque chose d'important. Je me demande ce qu'elle cherche ainsi.

C'est moi ! Aussitôt qu'elle m'aperçoit, elle agite frénétiquement les bras pour que je me dépêche d'aller la rejoindre.

Je n'oublierai jamais cette image de Julie, au milieu du terrain de football, dans la lumière du soleil couchant, m'appelant à grands mouvements de bras.

Et je n'oublierai jamais ce que j'ai ressenti : la fierté d'être sa jumelle et sa meilleure amie.

Je suis si soulagée et heureuse de savoir que Julie ne m'a pas oubliée que je m'élance aussitôt vers elle. Je ne dis même pas au revoir à Jocelyn. Je cours rejoindre ma sœur, de peur qu'elle ne s'en aille sans moi si je ne me dépêche pas.

Le jour de la première partie de football, je me réveille avec le sentiment de tenir le monde dans le creux de ma main.

Ce n'est qu'une partie d'entraînement, mais Catherine veut qu'on s'intègre à l'équipe le plus vite possible. On s'est entraînées avec les meneuses tous les après-midis et on connaît la majeure partie de leur numéro.

On a harcelé maman pour qu'elle nous achète les uniformes. Elle a passé deux nuits entières à nous les ajuster. Tu diras ce que tu veux, mais on peut compter sur elle chaque fois qu'il le faut.

Je bondis hors du lit en disant à Julie, ensevelie sous ses couvertures :

— C'est le grand jour ! Lève-toi !

Julie grogne et sort la tête.

— Je suis malade, dit-elle d'une petite voix triste.

— Oh ! non !

— J'ai mal à la tête et j'ai mal au cœur, murmure-t-elle.

— S'il te plaît, ne me fais pas ça !

— Je n'y peux rien.

Elle se met à pleurer. Je la supplie :

— Julie, reprends-toi. Tu ne peux pas m'abandonner aujourd'hui.

Elle laisse échapper un gémissement et resserre les couvertures autour d'elle. Je me précipite hors de la chambre en criant :

— Maman ! Julie est malade. Fais quelque chose !

Je ne me sens pas d'attaque pour affronter le grand événement toute seule. J'ai remarqué une chose durant les séances d'entraînement : quand Julie est avec moi, je sens que je fais partie de l'équipe. Quand elle n'est pas là, je me sens de trop.

Mais je dois y aller. Maman insiste, Julie aussi. Je sais que ça va être affreux dès mon arrivée.

Autour de moi, des élèves en survêtements crient et rient. Je devrais être enchantée d'être là. Mais sans Julie, ça ne signifie rien.

J'ai la gorge serrée. J'ai peur de me mettre à pleurer.

Les joueurs se réchauffent sur le terrain. En passant près d'eux pour rejoindre les autres meneuses, je me rends compte que je ne connais pas un seul membre de notre équipe. Pas un.

— Où est Julie ? me demande Catherine.

— Elle a la grippe.

Il y a un soupir général de déception. Hé ! Je sais que je ne vaux pas Julie. Mais elles n'ont pas besoin de me le faire sentir.

Catherine siffle et commence à frapper dans ses mains.

— En ligne ! crie-t-elle. Ils font le tirage au sort.

Je lève la tête vers les gradins. Quand je vois la centaine d'élèves qui me regardent, mes jambes se mettent à trembler.

Sarah me touche le bras et dit en riant :

— Ne sois pas nerveuse. On est ici pour s'amuser.

Laisse-moi te dire quelque chose : Sarah se trompe. Catherine, qui prend son rôle de capitaine très au sérieux, est constamment sur mon dos. Je ne suis pas alignée avec les autres, je ne crie pas assez fort, mon sourire n'est pas sincère. Sans blague ! J'ai l'impression que cette partie ne finira jamais. À la mi-temps, je déteste Catherine de toutes mes forces.

— Écoute ! me dit-elle quand les joueurs vont se reposer, je sais que tu es nerveuse, aujourd'hui, mais le mieux que tu puisses faire, c'est de penser à t'amuser.

Je me demande pourquoi tout le monde me répète la même chose.

Je hoche la tête. J'ai une boule dans la gorge et j'ai peur d'éclater en sanglots si je parle.

Catherine me donne un coup de hanche et je cesse de la détester. Elle essaie seulement de faire son travail. Son coup de hanche est sa façon de me dire de ne pas me laisser aller.

— Tu peux y arriver, Élisa, dit-elle.

Puis elle s'éloigne, soufflant de toutes ses forces dans son sifflet, comme pour rappeler qui est le capitaine.

J'entends Sarah et Brigitte rire derrière moi.

— Ne t'inquiète pas pour Catherine, dit Sarah. Elle prend son rôle un peu trop au sérieux parfois. Elle nous a fait la vie dure, l'an passé. Mais il y a eu des résultats. On a été l'équipe championne.

Elles m'emmènent au comptoir des rafraîchissements et on parle. Je me sens plus détendue ensuite. Je survis à la deuxième moitié de la partie et, crois-le ou non, je m'amuse presque.

Catherine me fait quelques petits compliments après la partie, et Sarah m'invite à les accompagner au restaurant. Mais ce que je veux vraiment, c'est rentrer. Je sais que ma sœur m'attend pour que je lui raconte tout.

CHAPITRE 5

Lundi matin, maman emmène ma sœur consulter un médecin et je vais seule à l'école. Il y a une réunion des meneuses après la classe et Julie est déterminée à y assister.

— Le médecin va me donner des petites tapes dans le dos et regarder dans mes oreilles, puis il va dire à maman de cesser de s'inquiéter pour rien, me dit-elle. Je serai à l'école pour l'heure du dîner, au plus tard.

Mais je ne vois pas Julie à la cafétéria ni ailleurs. Quand j'entre dans la salle de réunion, il est clair que Julie ne viendra pas. Je pense que maman l'a peut-être obligée à se recoucher après la visite chez le médecin.

À la réunion, Catherine fait une petite critique à chacune. Elle me complimente un peu pour mes débuts, et elles applaudissent toutes. Sarah et Sonia ne cessent de pouffer de rire et Catherine ne cesse de leur ordonner de se taire. Après, on discute de quelques nouveaux mouvements à incorporer dans notre numéro et la réunion se termine.

En sortant, Sarah me demande :

— Tu viens avec moi ? J'ai des choses à prendre au bureau de rédaction de l'album-souvenir.

— Tu t'occupes de l'album-souvenir ?

— Ouais. Je m'occupe aussi du magazine littéraire. C'est la même équipe, en fait. On utilise le même local et le même équipement. On utilise les profits qu'on obtient avec l'album-souvenir pour publier le magazine littéraire. S'il n'y a pas de profits, on essaie d'obtenir de l'aide des compagnies locales.

Je suis surprise en entrant dans le bureau de rédaction. Sarah a si souvent le fou rire qu'il est difficile de la prendre au sérieux. Mais son travail de rédactrice est impressionnant et professionnel. Elle me montre ses maquettes pour des annonces publicitaires et les esquisses de quelques pages de l'album-souvenir.

— C'est un brouillon pour le moment, explique-t-elle. En mai, voici de quoi il aura l'air.

Elle me montre les copies de l'album-souvenir et du magazine littéraire de l'année précédente. Elles sont magnifiques.

— On a toujours besoin d'aide pour l'album-souvenir, dit Sarah. Penses-tu que tu aimerais participer ?

Ça me paraît intéressant. Mais ce n'est pas le genre d'activité qui pourrait plaire à ma sœur. Elle aime mieux l'action.

— Merci, dis-je. Mais je pense que l'équipe des meneuses va nous occuper suffisamment.

— Bien sûr, dit-elle. Mais tu me le diras si tu changes d'avis.

Quand j'arrive à la maison en fin d'après-midi, l'auto de maman n'est pas là. Je fais le tour de la maison. Il n'y a personne. C'est la première fois que je me trouve seule dans notre nouvelle maison, et ça me fait une drôle d'impression.

Puis j'entends la porte d'entrée s'ouvrir. Dès que je vois l'expression sur le visage de maman, je sais que quelque chose ne va pas.

— Où est Julie ? dis-je, inquiète.

— Julie est à l'hôpital Saint-Étienne, Élisa. Ils lui font passer des tests et...

— Quels tests ? Qu'est-ce qui se passe ?

Maman lève la main pour me faire signe de rester calme.

— Le docteur Poitras a pu faire passer une scanographie à Julie, dès ce matin. On est très chanceuses, Élisa, d'être dans une ville où il y a des ressources médicales et d'excellents médecins.

— Maman ! Parle pour que je puisse te comprendre ! Je croyais que Julie avait la grippe.

Je vois le menton de maman trembler.

— Je le pensais aussi, dit-elle. Mais apparemment... il y aurait un... un problème neurologique.

— Neurologique ?

— Écoute, Élisa, il n'y a aucune raison de s'inquiéter pour le moment. On n'a pas beaucoup de renseignements encore. Je vais mettre dans un sac

48

le nécessaire pour une nuit, et tu devrais en faire autant. Je ne peux pas te laisser toute seule ici.

Maman fait de grands efforts pour que sa voix reste calme, et cela m'effraie terriblement. Je murmure :

— Maman, qu'est-ce qu'elle a, Julie ?

— La scanographie a révélé la présence d'une masse, répond-elle d'une voix éteinte.

— Une masse ?

— Une... euh... tumeur, dit-elle doucement. Ils vont opérer Julie demain matin et on en saura plus par la suite. La tumeur pourrait très bien être bénigne, ajoute-t-elle vivement. Ça veut dire qu'elle peut être inoffensive et facile à enlever.

Je reste bouche bée. Et maman continue de parler de cette voix étrange, délibérément calme. Elle me dit à quel point nous avons de la chance que la tumeur ait été détectée si tôt, en ajoutant que les migraines et les nausées sont des symptômes de l'existence de la tumeur. Elle m'apprend que Julie a eu une légère attaque quand elle s'est sentie si mal pendant notre entraînement dans la cour.

Je n'entends pas tout ce qu'elle dit. Je reste assise sur le divan, paralysée, étourdie. C'est difficile de croire que Julie puisse avoir quelque chose de très grave. C'est tout à fait impensable.

Dès notre arrivée à l'hôpital, un groupe de médecins s'approche de maman. Elle me dit d'aller dans la chambre de Julie pendant qu'elle leur parle.

Je trouve la chambre et quand j'ouvre la porte, ma sœur est assise dans son lit comme si elle m'attendait.

— Julie ! dis-je en espérant qu'elle ne perçoit pas le tremblement dans ma voix.

— Qu'est-ce qui s'est passé à la réunion des meneuses ? me demande-t-elle.

— Peu importe. Qu'est-ce qui se passe ici ? Comment te sens-tu ? Dis-moi ce qu'ils t'ont dit.

— Ils m'ont dit que j'ai quelque chose au cerveau. Comme si on ne le savait pas déjà ! blague-t-elle en levant les yeux au ciel.

— Arrête ça, Julie, dis-je nerveusement. Dis-moi ce qui se passe.

— Ils parlent d'une tumeur, dit-elle d'une voix ironique.

— Mais qu'est-ce que ça veut dire ?

— Ça veut dire que j'aurais dû économiser le prix d'une coupe de cheveux. Reste dans les environs et tu les verras me raser la tête pour l'opération.

Elle réussit presque à sourire. Puis ses lèvres commencent à trembler sous l'effort. Elle secoue la tête et fond en larmes.

— Oh ! Élisa !

Je me précipite pour la prendre dans mes bras. Et je la berce en lui disant de ne pas pleurer, que tout ira bien. Et puis, pilier de force et de soutien que je suis, je me mets à pleurer à mon tour.

Je rencontre Roger Fecteau plus tard ce soir-là.

Je le vois d'abord dans le couloir parler avec maman et avec une dame appelée Andrée Sergerie, à qui les responsables de l'hôpital ont demandé de venir rencontrer maman. Elle a emmené Roger avec elle. Je n'ai jamais rencontré un tel empoté de toute ma vie. Il est grand et maigre, il a des cheveux roux et des yeux de lapin. En le voyant, je pense : « Ouache ! »

Ils viennent tous les deux du Manoir de l'Espoir, une espèce de pension pour jeunes malades située à quelques kilomètres de l'hôpital. Andrée Sergerie y est la travailleuse sociale résidente, et Roger Fecteau, un infirmier à temps partiel. Le reste du temps, il aide les familles qui se trouvent dans une situation comme la nôtre. Maman me les présente et, l'instant suivant, je la vois donner les clés de la maison à Roger et lui expliquer comment fonctionne le système d'alarme.

C'est alors que je comprends qu'ils ont l'intention de me renvoyer à la maison avec cet hurluberlu pendant que ma mère restera à l'hôpital. J'entraîne ma mère plus loin et je lui dis :

— Maman ! Je ne rentre pas à la maison avec cet homme ! Je reste ici avec Julie.

Elle pose sur moi un regard flou.

— Maman ! dis-je en agitant la main devant son visage. Écoute-moi. On ne connaît rien de cet homme. Es-tu sûre qu'il n'est pas un assassin ? Un fou maniaque ? Un violeur ? Pas question de rentrer avec lui. Je reste ici !

Je me croise les bras sur la poitrine.

C'est à ce moment-là que son regard devient plus vif.

— Élisa, tu vas faire exactement ce que je te dis de faire !

Je n'en crois pas mes oreilles. Ma mère me dispute devant tout le monde.

Elle ne comprend pas que je suis terrifiée et bouleversée, moi aussi ?

Dans les circonstances, je fais la seule chose qu'on peut raisonnablement attendre de moi : je me mets à pleurer de nouveau.

Andrée s'interpose comme s'il s'agissait d'une bataille de chiens. Elle réussit à nous calmer, nous rappelant que Julie n'est pas très loin et qu'il est important de ne pas lui donner des raisons supplémentaires de s'inquiéter.

— Mais c'est ma sœur, dis-je entre deux sanglots. C'est ma sœur. Je veux rester. C'est ma sœur.

Andrée met son bras autour de mes épaules et m'explique que je dois coopérer avec maman parce qu'elle aura de nombreuses décisions à prendre au cours des prochains jours. Si je suis patiente, maman répondra à toutes mes questions. Mais pour l'instant, il me faut avoir confiance qu'elle et le personnel de l'hôpital agiront au mieux pour soigner Julie.

Et voilà comment je me retrouve à la maison avec, pour gardien, un infirmier complètement empoté qui ne peut même pas faire deux pas sans trébucher.

Je ne sais pas ce qui me prend. Je suis tellement bouleversée et irritée. Je décide que puis-qu'ils me traitent comme un bébé, je vais agir en bébé. Je boude.

— Élisa, s'il y a quelque chose que tu veux faire, laisse-le-moi savoir, me dit Roger, le lende-main matin. Veux-tu aller au cinéma ? Veux-tu qu'on loue une vidéocassette ?

— Non.

C'est plus un grognement qu'une réponse. Je suis installée sur le divan, enveloppée dans le grand châle de maman et entourée de tous les coussins disponibles que j'ai disposés en fort autour de moi.

On dirait qu'une année complète a passé de-puis hier matin. Maman a accepté que je manque l'école, et j'ai l'intention de rester dans mon fort de coussins jusqu'à ce qu'elle appelle pour dire que l'opération est terminée et que tout va bien.

— Bon, alors, qu'est-ce que tu veux pour dîner ? demande Roger. On peut commander quelque chose. Veux-tu de la pizza ? Des mets chi-nois ? Choisis.

Pense-t-il vraiment que je peux m'intéresser à de la nourriture dans une situation pareille ?

— Écoute, me dit-il, si tu veux inviter des amis, c'est correct. Tu n'es pas obligée de rester toute seule.

J'en ai assez. Cet homme est un parfait crétin.

Je suis tellement furieuse que je ne vois plus clair. Je bondis du divan en hurlant :

— Je n'ai pas d'amis, espèce d'idiot !

Puis je monte l'escalier en courant et je reste dans ma chambre toute la journée.

Roger vient frapper à ma porte deux ou trois fois.

— Élisa, dit-il d'un ton ridiculement amical, si tu as besoin de quelque chose, tu me le dis. D'accord ?

Je hurle de toutes mes forces :

— Ne t'approche pas de ma porte !

Quel idiot !

Maman appelle vers seize heures. Elle a l'air épuisée, mais elle m'apprend que Julie a bien supporté l'opération.

— Quand est-ce que je pourrai la visiter ? dis-je.

— Dans quelques jours, ma chouette, répond maman. Elle doit d'abord récupérer ses forces. Pour l'instant, essaie de vivre le plus normalement possible.

— Je ne pourrais pas au moins la voir ? supplié-je.

— Pas maintenant, ma puce. Crois-moi, ça sera beaucoup mieux que tu attendes quelques jours.

— Mais maman…

— Non ! crie-t-elle.

Je commence à pleurer comme un vrai bébé. Je sais que c'est injuste pour maman. Elle est soumise à tant de pression. Mais je me sens tellement seule et inquiète que j'ai envie de mourir.

— S'il te plaît, ne pleure pas, chérie. Je sais que c'est difficile, mais tout ira bien. Essaie d'endurer encore un peu, s'il te plaît, Élisa.

— D'accord, dis-je d'une voix rauque.

Puis je laisse Roger lui parler.

Je vais pleurer dans le salon. Quelques minutes plus tard, Roger vient s'asseoir à côté de moi et me frotte le dos.

Tout à coup, je suis contente que Roger soit là. Tu vois à quel point je suis malheureuse à cet instant particulier.

Je décide de rester à la maison le lendemain. Ça me paraît énorme de prendre une décision pareille sans consulter ma mère, mais je ne peux tout simplement pas aller à l'école. Je suis au bord de la crise de nerfs et je ne veux pas risquer de perdre contrôle en pleine classe.

— Tu ne vas pas à l'école ? me demande Roger lorsque je descends déjeuner en robe de chambre.

— Non, je n'y vais pas, dis-je en prenant la boîte de céréales.

Il a l'air confus pendant un moment. Je vois qu'il se demande s'il doit ou non m'y obliger. Je lui lance un regard de glace.

Sa pomme d'Adam monte et descend dans sa gorge.

— Tu n'as pas d'examens aujourd'hui ? demande-t-il d'un ton paternel.

Franchement !

Je le regarde fixement.

— D'accord, dit-il. Je vais appeler la direction de l'école et tout expliquer.

Je passe toute la journée en robe de chambre, devant la télé.

Entre une émission sur les esprits frappeurs qui ressemblent à des personnages de dessins animés et une autre sur les hommes qui portent des chapeaux melons, je me souviens soudain qu'il y a une réunion des meneuses cet après-midi-là. Compte tenu des événements, ça n'a aucune importance.

CHAPITRE 6

Finalement, maman rentre jeudi après-midi, deux jours après l'opération. Je suis encore en robe de chambre. J'éteins la télé et je lui crie :

— Comment va Julie ?

Maman ne répond pas tout de suite. Elle sourit à Roger et lui demande :

— Pourriez-vous nous excuser quelques minutes, s'il vous plaît ?

— Bien sûr, répond-il.

Il la regarde, puis me regarde.

— Je vais commencer à rassembler mes affaires, dit-il.

Il recule, se frappe contre la table basse et, en se précipitant dans l'escalier, se cogne le genou à la rampe.

Maman pousse un profond soupir. Je me demande si elle a éloigné Roger pour me reprocher de ne pas être allée à l'école, de ne pas être habillée.

Mais elle ne crie pas. Elle a des choses plus importantes en tête que mes quelques jours d'absence de l'école. La tumeur n'est pas bénigne. Julie a dans le cerveau une masse de tissus nerveux faits de cellules qui se divisent et se multiplient sans contrôle.

En d'autres mots, ma sœur a le cancer du cerveau.

Quand maman me dit ça, j'ai l'impression d'un coup de poing dans le ventre. Je suis si bouleversée que je ne peux même pas pleurer. Je me laisse juste tomber sur le divan et je regarde dans le vide.

Maman s'assied à côté de moi et commence à vider son sac à main. Elle a apporté des brochures pour que je les lise. Des brochures avec des titres comme *Vivre avec une tumeur au cerveau* et *Lorsqu'un être cher a le cancer*. Elles sont pleines de renseignements sur le cancer, les tumeurs et les traitements. Je les feuillette. Mais je n'y trouve pas de réponse à la question : « Julie va-t-elle guérir ? »

Alors je pose cette question à maman, souhaitant désespérément qu'elle réponde : « Absolument ! »

Mais elle ne le dit pas.

Ce qu'elle dit, c'est que Julie reçoit les meilleurs soins possibles, qu'il y a possibilité de guérison complète et que les jeunes de son âge ont de meilleures chances de guérir que n'importe qui d'autre.

Heureusement, la tumeur est « accessible » et le chirurgien a réussi à en enlever environ quatre-vingt-dix pour cent. La prochaine étape sera une radiothérapie qui empêchera la tumeur de grossir et, idéalement, détruira ce qu'il en reste.

La thérapie consiste en un bombardement de rayons-X au cerveau. À haute intensité, les rayons sont censés endommager les mauvaises cellules pour les empêcher de se multiplier.

Les médecins vont attendre que le cuir chevelu de Julie, traumatisé par la chirurgie, se rétablisse. Cela prendra quelques jours. Puis elle suivra le traitement cinq jours par semaine durant six semaines.

Si la tumeur résiste au traitement, ma sœur sera soignée par chimiothérapie. « Chimiothérapie » est juste un terme pour désigner les médicaments qui sont censés empoisonner les cellules cancéreuses restantes.

La série de traitements sera très longue, mais maman m'explique tout en mettant l'emphase sur les améliorations des dernières années et sur leur efficacité. Elle est très calme et ça me donne de l'espoir.

— Va t'habiller, me dit-elle enfin. On a encore beaucoup à faire ce soir.

J'accompagne maman à l'hôpital ce soir-là. On mange rapidement un sandwich à la cafétéria. Puis on a une longue conversation avec Andrée Sergerie, la travailleuse sociale, dans la petite salle réservée aux visiteurs sur le même étage que la chambre de Julie.

Maman et Andrée me traitent en adulte. Maman m'explique à quel point ce sera difficile pour elle de concilier ses nouvelles responsabilités au travail et la maladie de Julie. Elle ne pourra pas s'absenter de son travail pour prendre soin de Julie, parce que sa promotion est trop récente. Elle ne peut pas quitter son emploi, parce que c'est notre seule source de revenus.

J'offre sur-le-champ de laisser l'école et de rester à la maison pour m'occuper de ma sœur. Maman et Andrée refusent parce que : a) je suis trop jeune pour conduire et Julie a besoin de suivre son traitement cinq jours par semaine ; b) elle aura des effets secondaires pénibles ; et c) que ça me plaise ou non, je ne peux pas abandonner l'école.

Maman et Andrée décident que la meilleure chose à faire, dans les circonstances, est de placer ma sœur au Manoir de l'Espoir, une infirmerie où sont dispensés des traitements à long terme et où travaillent Andrée et Roger. Il s'y trouve le personnel médical et tout l'équipement nécessaire pour soigner Julie. Elles en parlent comme d'un endroit merveilleux.

— As-tu des questions ? me demande Andrée de sa voix chaleureuse.

— Est-ce que je peux la voir ?

— Bien sûr, répond Andrée. Elle regarde sa montre et ajoute : Julie doit être encore passablement endormie. Si elle l'est, ne reste pas longtemps.

Je fais signe que oui et je me lève.

— Je dois me comporter comment avec Julie ? chuchoté-je.

— Comme d'habitude, dit Andrée en souriant. Julie et moi, on a eu quelques bonnes conversations. Elle accepte ce qui lui arrive. Tu n'as pas besoin d'avoir peur de gaffer en lui disant ce qu'il ne faut pas.

Elle accepte ce qui lui arrive ? Comment ça ? Comment peut-on accepter d'avoir une tumeur au cerveau ?

Quand j'ouvre la porte de la chambre de Julie, je ris presque de soulagement. Un bandage cache une partie de sa tête et elle a l'air endormie. Mais à part ça, c'est la même Julie.

— M'aimeras-tu encore quand je serai radioactive et que je brillerai dans le noir ? me demande-t-elle d'une voix malicieuse.

— Arrête ça, lui dis-je en m'avançant vers son lit. J'ai lu la brochure. La radiothérapie ne te rend *pas* radioactive.

Elle ferme les yeux et rit doucement.

Je m'assieds sur la chaise à côté de son lit et je chuchote :

— Julie, est-ce que tu vas guérir ?

— Absolument ! Parole de jumelle !

Maman et moi, on a emmené Julie directement de l'hôpital Saint-Étienne au Manoir de l'Espoir.

Ma sœur porte une casquette des Expos pour cacher sa tête partiellement rasée. Elle dit qu'elle se sent bien et, à part la pâleur de son visage, elle a l'air en forme. En fait, je pourrais presque oublier qu'elle est malade.

Mais le manoir nous le rappelle. En marchant dans les couloirs, aucune blague ne nous vient à l'esprit. Instinctivement, on se rapproche l'une de l'autre et on se tient par la main.

Dès qu'on a trouvé la chambre de Julie, maman nous laisse pour aller remplir des formulaires. On s'assied chacune sur un lit.

— As-tu vu tous ces laboratoires ? me demande Julie.

Je hoche la tête.

— Penses-tu qu'ils essaient de recréer le monstre de Frankenstein ?

Avant que j'aie le temps de répondre, on entend une voix à la porte :

— Bienvenue au Manoir de l'Espoir ! dit une jolie femme. Je suis le docteur Liliane Gendron, l'oncologiste du manoir. Toi et moi, on va se voir beaucoup, dit-elle à Julie.

Elle se tourne vers moi et ajoute :

— Et tu es Élisa. Heureuse de te rencontrer, Élisa.

— Est-ce que c'est Julie ? demande une autre voix.

On tourne la tête pour voir entrer un homme superbe au teint couleur café.

— Je suis le docteur Stéphane Robin, se présente-t-il. Mais tout le monde m'appelle docteur Stéphane.

— Quand ils ne lui donnent pas un surnom, dit un jeune homme qui suit le docteur Robin.

Il a un grand rire sonore qui transforme en blague tout ce qu'il dit.

— En passant, je suis le docteur Hardy. J'ai entendu dire qu'il y avait des jumelles dans les environs. Écoutez, j'ai grandi avec des sœurs jumelles, et je connais tous les trucs.

— Qu'est-ce que vous voulez dire? demande Julie avec un petit rire.

— Cela veut dire que, si vous avez l'intention de jouer des tours à quelqu'un, choisissez-le, dit le docteur Robin en pointant son collègue du doigt. Il est le nouveau. C'est à ça qu'il sert, ici.

Julie et moi, on pouffe de rire.

— C'est un centre médical, comme vous avez pu vous en apercevoir, poursuit le docteur Robin. Mais j'aimerais que vous fassiez le tour du manoir, plus tard, parce qu'il y a plus que des laboratoires et des salles de traitement, ici.

Après tout, cet endroit n'est pas si terrible. Ces médecins semblent plus amicaux et moins pressés que ceux de l'hôpital. Peut-être que c'est parce que le manoir est réservé aux jeunes, et que le personnel est entraîné en conséquence. Les médecins semblent déjà connaître Julie et se préoccuper de sa santé. Le nœud dans mon ventre se desserre un peu.

Julie rit avec les médecins. Ils n'agiraient pas comme ça si ma sœur était vraiment malade. Tout à coup, mes frayeurs me paraissent mélodramatiques. Pour la première fois depuis ce lundi après-midi où j'ai trouvé la maison vide, je commence à croire que tout ira bien.

Et de toute façon, Julie me l'a promis : « Parole de jumelle ».

Cet après-midi-là, je revois Roger. Il avance dans le couloir avec un plateau chargé de petites bouteilles. Je retiens mon souffle, m'attendant à ce qu'il trébuche et le laisse tomber.

Roger a été incroyablement empoté à la maison. Il s'est accroché dans tous les tapis, s'est cogné à toutes les tables et s'est écrasé les doigts avec chaque tiroir. C'est assez effrayant pour un infirmier.

Je ne peux pas l'imaginer ramenant un malade à la santé. Par contre, je peux l'imaginer en assommant un accidentellement avec une tige à soluté ou perforant un organe vital avec une aiguille. Je me demande s'il est sécuritaire de le laisser soigner Julie.

Étrangement, Roger se rend sans encombre jusqu'à un local où il range soigneusement les petites bouteilles sur des étagères séparées.

Peut-être qu'il était maladroit en ma présence parce que j'étais très désagréable avec lui. J'ai honte, je veux m'excuser. Je m'éclaircis la voix pour signaler ma présence.

Il relève la tête et me fait un grand sourire, ce

qui est gentil de sa part, étant donné mon comportement détestable.

— Bonjour, Élisa ! dit-il. Bienvenue au Manoir de l'Espoir !

— Merci, dis-je. Écoutez, euh… je m'excuse d'avoir été si désagréable quand vous m'avez tenu compagnie à la maison.

— Pas de problème. C'est parfaitement compréhensible. Quand un membre de la famille tombe malade, c'est dur pour toute la famille. Tu étais bouleversée et révoltée. Ne t'en fais pas.

Maintenant qu'il est sur son propre territoire, il fait très professionnel.

— Qu'est-ce que tu penses du Manoir de l'Espoir ? Veux-tu faire une visite guidée ? me demande-t-il.

Je n'en ai pas envie, mais je sens qu'il veut me donner l'occasion de me faire pardonner. Alors j'accepte.

Quand on s'éloigne des salles de traitement, le manoir est très différent d'un hôpital. Il y a une bibliothèque et une salle de séjour avec une cheminée. À chaque étage, on trouve des salons d'allure peu institutionnelle avec de larges fenêtres et des fauteuils confortables.

On termine la visite par la cuisine. Il y règne une délicieuse odeur de chocolat. La cuisinière est en train de sortir du four une grande plaque couverte de biscuits au chocolat.

— Madame Bradette, voici Élisa Ouimet ! dit

Roger. Sa sœur Julie est ici pour de la chimio et de la radiothérapie.

— Tu es l'une des jumelles identiques, c'est ça ? me demande madame Bradette avec un sourire.

C'est formidable. Ils savent tous qui nous sommes. Madame Bradette remplit une assiette de biscuits, avance deux chaises près de la table et me dit :

— Viens t'asseoir et dis-moi ce que ta sœur aime manger.

Les deux semaines suivantes, maman me permet de manquer l'école. On va chaque jour au Manoir de l'Espoir et on apprend à mieux le connaître.

Andrée Sergerie me procure une carte de la ville et me montre comment me rendre au manoir par autobus. Elle me donne également l'horaire des réunions de groupes de soutien au manoir.

Un après-midi, maman fait avec moi le trajet en autobus pour en faire l'essai. C'est une promenade agréable et assez courte. À notre arrivée au manoir, elle assiste à une réunion pour les parents, et je me rends à celle destinée aux adolescents.

Andrée Sergerie insiste énormément sur l'importance de ces thérapies de groupe. Maman et elle m'encouragent à y assister le plus souvent possible. Durant la deuxième semaine, je vais à quelques réunions. Mais ensuite, je décide de ne pas y retourner.

Ça ne m'aide pas d'écouter les autres raconter leurs peurs et décrire leurs sentiments. Ils n'ont rien à voir avec moi ni avec Julie. On est des jumelles. On est spéciales. On est des sœurs et aussi les meilleures amies du monde. D'une certaine façon, on est une seule et même personne. Je n'ai jamais entendu quelqu'un en parler dans une de ces réunions de groupe de soutien.

Ce qui m'aide, c'est de tenir compagnie à Julie au manoir, de pouvoir surveiller ce qui se passe, de pouvoir la surveiller.

Au début, la radiothérapie a été dure. Mais ma sœur gardait sa bonne humeur, même quand elle vomissait. Les nausées ont diminué. Puis Julie a perdu le reste de ses cheveux et a maintenant d'affreuses plaques rouges sur le crâne.

Je fais mon possible pour lui remonter le moral et j'y réussis assez bien la plupart du temps. Pour la première fois de sa vie, Julie n'a pas envie de parler, alors je fais l'idiote. Par exemple, j'ouvre la télé sans mettre le son et j'invente des dialogues ridicules qui n'ont rien à voir avec l'image.

Julie rit et, parfois, d'autres malades et des membres du personnel viennent m'écouter. En peu de temps, le bruit a couru que je suis une vraie folle.

L'autre lit dans la chambre de Julie est vide. Ils me permettent d'y passer la nuit quelques fois. Parfois, je parle avec d'autres malades dans le couloir, mais le plus souvent, je tiens compagnie à ma sœur.

Pour une fille active comme Julie, c'est difficile de rester étendue dans un lit entre ses séances au laboratoire de radiation, ou « chambre au plutonium », comme on l'appelle.

Un jeudi matin, au déjeuner, maman m'annonce que je dois retourner à l'école dès le lundi suivant. Julie aura des cours particuliers au manoir.

Mon cœur se serre. Je me suis habituée à passer mes journées au manoir. On est déjà à la mi-octobre, et ça fait trois semaines que je ne suis pas allée à l'école. Mais il me semble qu'un million d'années a passé. Je ne me souviens même pas de mon horaire.

Maman me dit qu'elle a parlé au conseiller scolaire. Je pourrai profiter de cours individuels pour rattraper mon retard. Tout ce que j'ai à faire, c'est de lui signaler mes difficultés.

Maman retourne au travail selon un horaire flexible. Ça veut dire qu'elle pourra s'absenter chaque fois que Julie aura besoin d'elle.

Elle me dit que je peux passer la nuit avec ma sœur, si je le veux. J'emporte donc le nécessaire pour la nuit quand on part pour le manoir.

La porte de la chambre est entrouverte et j'entends Julie parler et rire. Je ne l'ai pas entendue aussi animée depuis qu'elle est malade.

Elle parle probablement au docteur Robin. Mais non, j'entends une autre voix : jeune et féminine. Peut-être qu'une malade est venue tenir compagnie à Julie.

Imagine ma surprise quand j'aperçois une fille couchée dans *mon* lit. Je me sens comme l'ourson face à Boucle d'Or, sauf que Boucle d'Or n'a pas de boucles du tout, ni dorées ni d'une autre couleur.

La fille couchée dans *mon* lit est chauve.

— Voici ma sœur Élisa, dit Julie de sa voix d'autrefois. Élisa, je te présente Béatrice.

Béatrice a le teint grisâtre. Elle n'a pas l'air en forme, mais elle sourit tout de même. Ça ne me surprend pas. Les gens sourient quand ils sont avec ma sœur.

— Béatrice a le cancer, elle aussi : la leucémie, m'explique Julie. Et elle a aussi de la chimio. C'est pour ça qu'elle se sent malade comme un chien. C'est sa dernière année à l'école primaire de Somerval.

Julie continue à me parler de Béatrice, me disant à quel point elle aime faire de l'équitation. Je hoche la tête et je souris, mais ce que je pense vraiment est : « Qu'est-ce que cette fille fait dans mon lit ? »

J'attends que ma sœur lui fasse comprendre qu'il est temps qu'elle aille se coucher ailleurs. Mais Julie ne fait rien.

La porte s'ouvre et une fille d'environ seize ans entre, tenant une guitare d'une main et une poignée de foulards de l'autre.

— Bonjour, dit-elle. Je m'appelle Aline Kirouac. Je suis une bénévole ici. J'ai eu la grippe. C'est pourquoi je n'ai pas pu vous accueillir à votre arrivée. Tu es Julie, c'est ça ? ajoute-t-elle en se tournant vers ma sœur. Et toi, tu es Béatrice ? demande-t-elle à la fille couchée dans mon lit.

Elles font signe que oui toutes les deux, et je me présente.

Aline parle un peu avec nous, puis elle donne à ma sœur et à Béatrice deux foulards décorés d'un motif de nuages.

— Je les ai cousus quand j'étais alitée, explique-t-elle. J'ai imaginé que j'étais dans un champ et que je regardais passer les nuages. Quand vous serez déprimées, vous pourrez peut-être imaginer des nuages tout autour de votre tête.

Quelle poétesse !

Je m'attends à ce que Julie et Béatrice éclatent de rire ou crient au secours. Mais elles ne bronchent pas.

— C'est gentil de nous avoir fait ces foulards, dit Julie en mettant le sien. Merci.

Béatrice met aussi le sien en souriant.

— J'ai d'autres personnes à visiter, mais je reviendrai, dit Aline.

Puis, montrant sa guitare, elle ajoute :

—Et j'accepte les demandes spéciales, en autant que ce soit *Kum Ba Yah*.

— *Kum Ba* quoi ? dis-je.

Elle est partie. Julie et Béatrice pouffent de rire, comme si elles savaient quelque chose que j'ignore.

— J'avais entendu parler d'Aline, mais je n'y croyais pas, dit Julie.

— Qu'est-ce qui se passe ? dis-je. Qui est cette folle ?

— D'après les autres, Aline souffre d'enthousiasme chronique. Ils la ménagent parce que ses intentions sont bonnes et qu'on peut compter sur elle dans le besoin. Mais quand ils la voient avec sa guitare… ils se sauvent ! Je comprends pourquoi.

— Elle ne connaît qu'une chanson, et c'est *Kum Ba Yah*, dit Béatrice. Mais c'était gentil de nous faire des foulards. J'aime le mien.

Elle l'ajuste sur son crâne et, regardant Julie, elle ajoute :

— On a l'air de jumelles, maintenant, toi et moi.

C'est alors que je comprends : ce lit n'est plus le mien. Il est celui de Béatrice. Si quelqu'un va coucher ailleurs cette nuit, c'est moi.

Béatrice remarque mon sac et, embarrassée, dit :

— Pensais-tu passer la nuit ici ? Je suis désolée. Peut-être qu'ils peuvent me trouver une autre chambre.

— Ne sois pas ridicule, intervient Julie. Je parie qu'Élisa est contente de ne pas être obligée de rester. Elle a probablement une partie, demain.

— Une partie ? demande Béatrice.

— On est des meneuses de claque, annonce fièrement Julie.

— Des meneuses ! s'exclame Béatrice comme si elle découvrait qu'on est des prix Nobel.

Julie lui raconte le concours. Béatrice veut connaître tous les détails.

— Parle-lui des réunions, me dit Julie.

— Bien, en fait, je ne suis pas allée aux réunions, dernièrement.

— C'est parce qu'elle est restée avec moi, presque tout le temps, explique vivement Julie. Elle se tourne vers moi et dit : Mais tu recommences l'école lundi, hein ?

« Ne me le rappelle pas ! » me dis-je. Chaque fois que je pense à mon retour en classe sans ma sœur, ça me déprime.

Ma rentrée à l'école est plus que bizarre. Ça semble irréel. Pendant qu'on traversait une crise aussi importante, les cours continuaient et rien ne changeait.

Les couloirs ont le même aspect et la même odeur. Les mêmes photos sont exposées sur les tableaux d'affichage. Les élèves envahissent les couloirs et les portes des casiers claquent.

Une balle de baseball passe en sifflant près de mon oreille et je vois un garçon bondir pour la saisir au vol.

« Ce n'est pas possible, me dis-je. Comment peuvent-ils faire les fous pendant que ma sœur est au manoir en train de subir une radiothérapie pour soigner son cancer au cerveau ? »

J'ai l'impression qu'ils sont indifférents et je les déteste pour ça. C'est une réaction stupide, mais je n'y peux rien.

Un groupe de filles me suit. Elles se plaignent de tout.

— ... Puis ils m'ont dit que je devais rentrer à vingt et une heures ! Mes parents sont de parfaits fascistes.

— ... As-tu vu le travail que madame Duhaime nous a donné ?

— ... Quinze pages ! Je déteste cette école !

« De quel droit se plaignent-elles ? » me dis-je. Si elles avaient le cancer, elles comprendraient ce qu'est un vrai problème.

À l'heure du dîner, j'aperçois les meneuses assises à leur place habituelle à la cafétéria. Sarah me fait signe et je vais m'asseoir à leur table.

— Bienvenue ! me dit Sarah. Comment va Julie ? Quand est-ce qu'elle va revenir à l'école ?

Je sais que maman a appelé la direction pour expliquer notre absence. Mais j'ignore ce que ces filles savent. Je n'ai pas envie d'entrer dans les détails, alors je réponds :

— Ça va prendre quelque temps.

— Quel dommage ! dit Catherine. Mais dis-lui de ne pas s'inquiéter, on lui garde sa place.

— Tu viens à la réunion cet après-midi ? me demande Sarah. Je suis très contente que tu sois de retour. La partie a lieu à Lafayette cette fin de semaine. Mon père a offert de nous y conduire dans sa Jeep.

— Je ne sais pas si je pourrai y aller, dis-je vivement.

— S'il te plaît, viens, insiste Sonia. On va s'amuser.

— J'ai dit que je ne savais pas, dis-je sèchement.

Les filles échangent des regards surpris.

— Bien sûr. Tu nous le feras savoir, dit Catherine. Si tu dois manquer quelques parties, on va s'arranger. Ne t'en fais pas.

Dis-moi pourquoi c'est plus inquiétant quand les gens sont gentils et compréhensifs plutôt que bêtes et exigeants ?

Je les quitte brusquement pour aller m'enfermer dans une cabine des toilettes.

C'est difficile de pleurer en silence. Tu dois te mettre le poing dans la bouche. Mais tes dents laissent des marques rouges sur tes jointures. Quand tu vois les marques, tu te sens encore plus misérable.

Quelqu'un entre dans la pièce et frappe à la porte de ma cabine.

— Élisa ?

C'est Sarah.

— Élisa ? dit-elle à nouveau. Voudrais-tu sortir de là, s'il te plaît ?

Je ne réponds pas. J'en suis incapable.

— S'il te plaît, Élisa. Il n'y a personne d'autre que moi. Sors.

J'ouvre la porte de la cabine. Sarah a l'air préoccupée.

— Ça va, dis-je, d'un ton rétif.

— Écoute, je sais que tu es nouvelle. Mais on

74

est tes amies. On aimerait l'être, en tout cas. Alors, si on peut faire quelque chose, tu nous le dis, d'accord ?

— D'accord.

— Si tu n'as pas envie d'assister à la réunion, on pourrait aussi la manquer, Sonia et moi. On pourrait aller manger une crème glacée, toutes les trois ensemble.

— Merci, dis-je en reniflant. Mais je dois aller au Manoir de l'Espoir.

— Ce n'est pas déprimant pour toi d'être si souvent au manoir ?

Je la regarde fixement. Elle ne comprend rien du tout. Et je ne peux pas lui expliquer que je me sens plus en sécurité avec Julie chez les cancéreux du Manoir de l'Espoir qu'à l'école ou à la maison.

Je me rends compte que c'est idiot, mais j'ai l'impression que plus je passe de temps avec Julie, plus vite elle guérira, parce que je *veux* qu'elle guérisse. J'ai *besoin* qu'elle guérisse. Elle est ma sœur. On est jumelles. Je ne pourrais pas exister sans Julie. Alors, par conséquent, elle ne pourrait pas exister sans moi. C'est pourquoi on doit être ensemble le plus souvent possible.

CHAPITRE 7

— Me ferais-tu une faveur ? me demande Julie, le jeudi soir.

— Si tu veux me demander de manger ton pain de viande, la réponse est non.

Je prends une bouchée de viande, mais je laisse retomber ma fourchette dans mon assiette.

Comme d'habitude, je suis venue au manoir après l'école. J'arrive vers seize heures trente et maman nous rejoint vers dix-sept heures trente. Quand elle doit travailler tard, je mange avec Julie dans sa chambre.

Le personnel est très gentil d'apporter une portion supplémentaire pour moi. Madame Bradette m'a même demandé ce que je préférais. Quand elle sait que je suis là, elle essaie de préparer un repas que j'aime. En général, la nourriture est excellente, à part le pain de viande.

— Ce n'est pas ça, dit Julie.

— Tu veux que je te prête de l'argent ? Tu veux que je t'apporte de la bière ? Tu veux que je t'amène un garçon ?

Julie rit, alors je continue :

— Pourquoi voudrais-tu que je t'amène un garçon alors qu'un séducteur comme Roger est dans les parages ?

Elle rit encore, mais reprend son sérieux pour me dire :

— Je veux que tu oublies que je suis malade.

— Hein ?

— Je suis fatiguée de parler de ma maladie. Tout le monde ici est malade. On ne parle que de ça : thérapie, chimio, vomissement. J'en ai assez d'en parler et d'en entendre parler aux réunions de mon groupe de soutien. Je veux parler d'autre chose.

— De quoi veux-tu parler ?

— Tu ne racontes jamais rien de l'école parce que tu crois que ça va me faire de la peine de manquer tout ça.

— Il n'y a rien à raconter.

— Tu veux rire !

— Je suis sérieuse. Qu'est-ce qu'il y a à raconter ?

— Comment ça : qu'est-ce qu'il y a à raconter ? Parle-moi des meneuses. Dis-moi ce qu'elles font, avec qui elles sortent. Sonia a-t-elle encore des visées sur le poste de Catherine ? C'est l'impression que j'ai eue dès la première réunion.

— Ah ! oui ? dis-je, étonnée de n'avoir rien vu.

— Sonia fait toujours des suggestions pour améliorer l'équipe. Catherine n'en tient pas compte, sous prétexte que ses idées ne sont pas bonnes, même si elles le sont la plupart du temps.

— Je ne l'ai pas remarqué.

— Et que se passe-t-il avec Bertrand ?

— Bertrand ?

— Tu sais, le blond à la queue de cheval qui essaie de se faire pousser la barbe, sans grand succès.

— Oh ! lui !

— As-tu remarqué comment il rôde autour de la rousse de notre classe d'espagnol ?

— Non.

— À la cafétéria, il attend toujours qu'elle choisisse une table, raconte Julie en riant. Il la suit avec son plateau et, accidentellement bien sûr, se cogne contre elle. Elle se tourne et il fait semblant d'être surpris. Puis il s'installe à côté d'elle... Je m'ennuie de l'école, ajoute-t-elle, avec un soupir.

C'est meilleur qu'un feuilleton télévisé et je n'avais rien remarqué. C'est bien Julie. Ma sœur est capable de transformer la situation la plus banale en une aventure excitante. Ces scènes de la vie quotidienne lui manquent et moi, je ne sais pas les apprécier.

La porte s'ouvre et Béatrice entre.

— Salut ! dit-elle.

Elle grimpe dans mon... euh... son lit et me demande :

— Comment ça va à l'école ?

Il y a la même avidité dans ses yeux que dans ceux de Julie. Et moi, je ne trouve rien d'intéressant à leur raconter. Elles veulent des nouvelles de la vie et je n'en ai pas à leur donner.

Jocelyn a bien essayé de me parler une ou deux fois, mais je ne veux pas qu'il me demande de sortir avec lui. Je veux réserver mon temps et mes énergies pour ma sœur. Alors j'évite Jocelyn. Chaque fois que je l'aperçois dans un couloir, je regarde dans l'autre direction.

J'évite Catherine et Sarah, aussi. Je ne veux rien faire avec elles. Je veux seulement être au Manoir de l'Espoir.

— Oh ! tu sais, c'est toujours la même rengaine !

— Je sais que c'est banal pour toi, me dit Béatrice en souriant. Mais moi, j'ai hâte de rentrer au secondaire. Avec Julie, ça va être la fête ! On va commencer ensemble l'année prochaine.

Ce que dit Béatrice est vrai. Même en suivant des cours particuliers, ma sœur prendra du retard sur le programme. Elle se fatigue vite et ne peut pas étudier longtemps.

Julie aura une année de retard sur moi cette année et la suivante et toutes les autres ensuite.

Elle et Béatrice pourront faire ensemble tout ce qu'on s'était promis de faire, elle et moi.

Ça me rend furieuse. Béatrice m'a pris mon lit. Maintenant, elle me prend ma sœur.

Je sais que si je reste là, je prononcerai des paroles que je regretterai plus tard. Alors je m'excuse et je sors au plus vite.

Dans le couloir, je croise Roger qui me demande :

— Peux-tu me faire une faveur ?

Je commence à détester cette question.

— Tout dépend de ce que c'est, dis-je.

— Finirais-tu une partie de cartes avec Solange ?

— Qui est Solange ?

— Je vais te la présenter.

Je le suis dans l'escalier. Au rez-de-chaussée, assise à une table du salon, une petite fille fait la moue.

— Je t'attends depuis quinze minutes, dit-elle, fâchée, à Roger. Tu joues ou non ?

Hé ! J'ai mes propres problèmes. Jouer aux cartes avec cette petite peste ne m'enchante pas le moins du monde.

— Écoute, ma mère sera là bientôt, dis-je à Roger pour me défiler. Je dois aller l'attendre en haut.

Solange me regarde longuement. Elle sait que je mens. Mais ce n'est pas pour ça qu'elle me regarde fixement. Elle me dit :

— Tu ressembles à la fille qui est avec Béatrice. Êtes-vous jumelles ?

Qu'est-ce que je peux dire ? Elle a trouvé le chemin de mon cœur. Ça me rassure tellement que quelqu'un reconnaisse que nous sommes des jumelles que j'en ai presque les larmes aux yeux. Je m'assieds et je prends les cartes destinées à Roger.

— Ouais, on est jumelles. On l'a toujours été et on le sera toujours.

— C'est amusant d'être des jumelles ?

— C'est plus amusant que n'importe quoi d'autre !

Roger nous quitte, prétextant qu'il a du travail à faire.

Solange met son petit menton dans sa main et réfléchit tout haut :

— J'aimerais bien avoir une jumelle ou, au moins, une sœur. Mais je n'en ai pas. Je n'ai pas de frère, non plus. Jeannette a un grand frère. Des fois, il joue avec nous ; mais s'il y a des grands, il ne s'occupe pas de nous.

— Qui est Jeannette ?

— C'est mon amie à la maison. Je m'ennuie d'elle.

— Où est ta maison ?

Solange m'apprend qu'elle a cinq ans et qu'elle habite une petite ville au nord de Somerval. Elle a eu la scarlatine, et son cœur a été affecté. Il n'y a pas de services médicaux adéquats dans sa petite ville et ses parents travaillent tous les deux. C'est pourquoi elle est au manoir. Ses parents viennent la voir tous les quinze jours, et elle en souffre beaucoup. Elle est la plus jeune patiente du manoir. Il n'y a pas d'enfants de son âge pour jouer avec elle.

— Chut ! dit-elle tout à coup.

— Qu'est-ce qui se passe ?

— C'est le garçon du troisième, chuchote-t-elle. Il descend toujours à cette heure-ci. Je crois que c'est parce qu'il aime la blonde.

Elle me fait signe de me taire et avance sur la pointe des pieds jusqu'à la porte. Je la suis. Je jette un coup d'œil par-dessus la tête de Solange : un garçon d'environ douze ans parle à une fille portant une longue tresse blonde.

— Il est ici pour une chimio, chuchote Solange. La blonde vient faire une thérapie pour sa jambe tous les après-midi. Elle a eu un accident de ski. Ils l'ont opérée au genou et elle doit faire toutes sortes d'exercices. Avant, il aimait Béatrice, mais elle est trop vieille pour lui. En plus, elle est presque tout le temps avec ta sœur.

— Elles sont de bonnes amies, hein ?

La petite fille hoche la tête.

Je commence à voir l'intérêt qu'il y a pour moi à fréquenter Solange. Elle sera mon espionne. Comme ça, j'apprendrai comment évolue l'amitié entre Béatrice et Julie, en mon absence.

Solange me tire la manche pour me ramener à la table.

— Il n'y a plus rien à voir avant dix-huit heures, dit-elle.

— Qu'est-ce qui se passe à dix-huit heures ?

— Le docteur Gravel et le docteur Émilie se parlent avant de partir. Je crois qu'ils sont amoureux.

Cette enfant est formidable. Elle est une Julie en miniature.

Samedi, je m'éveille au beau milieu de la nuit et je ne réussis pas à me rendormir. Je décide de descendre manger de la crème glacée.

Surprise ! Je trouve maman installée à la table

de la salle à manger, des tas de photos devant elle. Elle les choisit une à une et les colle dans de beaux albums qu'elle vient d'acheter.

— Il est trois heures, dis-je. Qu'est-ce que tu fais debout ?

— Je ne pouvais pas dormir. Je mets de l'ordre dans ces photos. Ça me change les idées du travail et de…

Je m'assieds en face de maman. Je la regarde attentivement et, pour la première fois, je remarque qu'elle a l'air vieille. Ce n'est pas qu'elle a tout à coup des cheveux gris ou des rides, mais elle a l'air plus vieille.

Quand a-t-elle commencé à changer ? Ça m'effraie. Je ne veux pas que tout change autour de moi, que maman vieillisse. Je ne veux surtout pas que Julie soit malade. Je ne veux pas aller à l'école toute seule, jour après jour. Je veux que tout redevienne comme avant.

— Entre le travail et Julie, toi et moi, on n'a pas eu tellement de bons moments ensemble. Je ne te blâmerais pas de te sentir un peu délaissée, dit maman en me souriant tristement.

Malgré ce que je ressens, je lui rends son sourire. Elle a trop de préoccupations. Elle n'a pas besoin, en plus, d'un complexe de culpabilité envers moi.

— On va profiter du moment présent, dis-je. Veux-tu de la crème glacée ?

— Oui.

Elle range les photos. On va s'asseoir avec nos

bols. Tout est si tranquille. On dirait que, maman et moi, on est les deux seules personnes éveillées au monde.

— Élisa, dit maman, je veux que tu saches que je comprends à quel point tout ça est dur pour toi. Tu as peut-être l'impression que c'est impossible d'avoir mon attention, ces temps-ci, mais j'aurai toujours du temps pour toi. Si tu as des questions au sujet de Julie ou de quoi que ce soit, tu peux me les poser.

— Ça va, maman, je me débrouille.

Je n'ai pas besoin de poser des questions. J'ai Solange, ma propre source d'information.

— S'il te plaît, joue aux cartes avec moi. S'il te plaît !

Solange se suspend à mon bras en me suppliant. Elle ne peut pas sortir parce qu'il fait trop froid et elle s'ennuie.

— Plus tard, dis-je. C'est promis. Laisse-moi aller voir Julie d'abord, puis je viendrai jouer aux cartes avec toi. Demande à Roger, en attendant.

— Il n'est pas ici. Son ancienne amoureuse est en ville, et il l'a emmenée au restaurant. Il veut qu'elle laisse son nouvel ami parce que c'est un bon à rien.

— Il te l'a dit ?

— Il l'a dit à madame Bradette.

Elle est tellement jeune que les gens oublient probablement sa présence. Elle sait tout sur tout le monde. J'espère qu'elle deviendra détective privé

84

parce que ça serait dommage de gâcher un tel talent naturel pour l'indiscrétion.

Par exemple, Solange connaît tous les dessous de l'histoire Gravel-Ambroise. Elle sait que le docteur Gravel a invité le docteur Ambroise au restaurant, et que ça a été une soirée très romantique.

Le docteur Gravel, qui est un psychologue, est le directeur du Manoir de l'Espoir. Sa femme est morte de la leucémie il y a environ dix ans. Depuis quelques mois, il s'intéresse au docteur Émilie Ambroise, cette femme superbe qui est pédiatre résidente au manoir.

Solange est aussi très au courant de la popularité de Julie. Même malade, chauve et en pyjamas, ma sœur a encore l'étincelle qui attire les gens. Apparemment, les autres patients ont pris l'habitude de se rassembler dans sa chambre avant l'heure du coucher.

Comme je pars tôt en soirée, je ne suis jamais là quand ces réunions ont lieu. Lorsque Solange m'en parle, je ne peux pas m'empêcher de me sentir laissée-pour-compte.

Ça me rend triste aussi que ce soit Solange qui m'en parle, et non Julie.

La petite fille m'accompagne jusqu'à l'ascenseur.

— Je veux être une meneuse plus tard, dit-elle encore. Je veux être populaire et avoir beaucoup d'amis et avoir de bonnes notes. Je veux être comme toi.

— Qu'est-ce qui te fait croire que je suis populaire, que j'ai beaucoup d'amis et que j'ai de bonnes notes ?

— Julie le dit. Elle parle tout le temps de toi. Hier soir, elle nous a raconté ton rendez-vous avec Jocelyn et tout ce qui se passe à ton école. Je voudrais aller à l'école avec toi, dit-elle en soupirant.

Pas elle aussi ! Tout le monde est enthousiaste à propos de l'école, sauf moi. Si seulement ma sœur savait à quel point je suis déconnectée de ce qui s'y passe. Si seulement elle savait que, sans elle, rien n'a de sens.

Je vais en classe. Je parle aux autres élèves. Je leur souris même et j'en salue certains quand je les croise. Mais je me contente de suivre le courant. Je suis somnambule. Je ne me sens vivante et éveillée que lorsque je suis au manoir avec ma sœur.

Un sourire éclaire le visage de Julie et de Béatrice quand j'entre dans la chambre. Ça me fait plaisir de savoir qu'elles attendent mes visites.

Puis je remarque qu'il y a deux autres filles dans la pièce. Elles ont à peu près notre âge, et Julie me les présente : Linda et Marie.

— Qu'est-ce qu'il y a de neuf ? me demande Julie.

— Pas grand-chose. Et ici ?

— Ici ? réplique Linda en riant. Que veux-tu qu'il se passe ici ? Rien !

Ce n'est pas ce que Solange laisse entendre, mais je ne le dis pas.

— Quelle équipe affronte celle de Somerval la semaine prochaine ? demande Marie.

Je dois y réfléchir une minute. Il y avait des bannières dans toute l'école. Hum ! Ah ! oui !

— Clainville ! dis-je.

— L'ex-petit ami de ma cousine vit à Clainville, dit Linda. Il est vraiment super. Il y a de beaux garçons à Somerval ?

— Je suppose, dis-je en haussant les épaules.

— Tu n'as rien fait d'excitant dernièrement ? s'impatiente Julie.

L'absence d'expression sur mon visage est une réponse en soi. Béatrice cesse de sourire et ma sœur rougit. Tout à coup, je comprends : Julie a *honte* de moi.

Qui la blâmerait ? D'après ce que m'a dit Solange, elle n'arrête pas de faire mon éloge et moi, plutôt que d'apporter des nouvelles du monde extérieur, j'attends de ces malades qu'elles me distraient. Je rougis à mon tour. *J'ai* honte. Décidant sur-le-champ de ne pas décevoir Julie, je déclare :

— Rien, à part notre escapade de la nuit dernière.

— Quoi ? s'écrie ma sœur d'un ton joyeux.

Quatre paires d'yeux sont rivées sur moi, ce qui me donne une poussée d'adrénaline.

— C'est maman, dis-je en soupirant. Parce que Jocelyn est en troisième secondaire, elle pense qu'il est trop vieux pour moi. Alors, j'ai dû me faufiler hors de la maison pour le voir.

— Oh ! Élisa ! s'exclame Julie, enchantée. Quand est-ce que ça a commencé ?

— Bien, je ne voulais pas en parler parce que je ne veux pas que maman l'apprenne. Mais Jocelyn et moi, on mange ensemble tous les jours à la cafétéria. Hé ! Les autres meneuses ont toutes un ami. Pourquoi pas moi ?

— En effet ! dit solennellement Julie. Vas-y, Élisa. Raconte-nous la nuit dernière.

Les quatre filles se penchent vers moi, comme si j'allais leur révéler les secrets de l'univers.

Et c'est ainsi que commence ma carrière de menteuse invétérée. Je ne sais pas ce qui me prend. Une fois que j'ai commencé, je ne peux plus m'arrêter.

C'est peut-être parce que je suis le centre d'attraction. Habituellement, c'est le rôle de ma sœur. Mais là… Qu'est-ce que je peux dire ? Manifestement, je les impressionne, et c'est irrésistible. Et elles veulent vraiment entendre parler du monde extérieur. Elles en ont besoin. Alors j'invente plein d'histoires.

Je leur fais croire que Catherine est ma meilleure amie à l'école, qu'on m'a demandé de me joindre à plusieurs clubs, que Jocelyn est amoureux fou de moi et que nous sommes les Roméo et Juliette de Somerval.

J'en mets beaucoup. Au bout d'un certain temps, je commence à penser que c'est peut-être une erreur.

Mais l'expression sur le visage de Julie me convainc que je fais ce qu'il faut faire. Je ne l'ai pas vue aussi heureuse et animée depuis le jour où on a été acceptées dans l'équipe des meneuses.

CHAPITRE 8

Il y a de bonnes raisons pour ne pas mentir. Ce n'est pas long avant que mes mensonges se retournent contre moi.

Chaque jour, je vais au manoir et je raconte les derniers développements de ma carrière fabuleuse à l'école secondaire de Somerval. Mais malgré le succès de mes histoires, j'ai l'impression que ma sœur ne veut pas vraiment me voir.

Un jour, perdant patience, elle crie :

— Pourquoi es-tu ici ? On est mardi. Tu ne m'as pas dit que l'équipe célébrait l'anniversaire de Sonia, cet après-midi ?

Elle me lance un oreiller et sourit pour que je sache qu'elle n'est pas vraiment fâchée. Elle ajoute :

— Va-t'en ! Ne gâche pas ta vie sociale juste parce que je suis malade !

— Tu ne gâches rien. Crois-moi, je préfère être ici avec toi plutôt qu'à une réunion des meneuses.

— Pas moi. J'apprécie tes visites, mais je préférerais que tu sortes et que tu fasses tout ce que j'aimerais faire moi-même. De cette façon, au moins, j'en entendrai parler. Alors vas-y ! Elles t'attendent probablement.

— Vas-y ! répète Béatrice en me lançant son oreiller, elle aussi.

Qu'est-ce que je peux faire ? Je les quitte pour une fête totalement fictive.

Dans le couloir, je m'arrête en plein désarroi. Je ne peux pas être avec ma sœur et je n'ai pas envie d'être seule à la maison.

Quelle farce ! J'ai commencé à inventer ces histoires pour que ma sœur soit heureuse en ma compagnie et j'obtiens le résultat inverse.

Au moment de sortir du manoir, je pense à faire une visite à Solange. Je la trouve dans le salon du rez-de-chaussée.

— Je déteste être la plus jeune ici, dit-elle d'un ton boudeur. Personne ne veut jouer avec moi, pas même toi. Tu es comme le frère de Jeannette. Quand il y a un plus vieux, tu ne t'occupes plus de moi.

Je comprends ce qu'elle ressent. Julie ne veut pas de moi, elle non plus. Ce n'est pas pour la même raison, mais ça fait souffrir autant.

Si nos rôles étaient inversés, je voudrais que ma sœur soit avec moi à chaque instant. Être ensemble serait la chose la plus importante au monde. Alors pourquoi ne réagit-elle pas comme ça ?

La réponse est évidente : je n'ai plus l'importance que j'ai déjà eue dans sa vie. Elle a de nouveaux amis, maintenant : Béatrice, les autres malades, le personnel du manoir.

La radiothérapie est terminée et la chimiothérapie va bientôt commencer. Le docteur Gendron nous a expliqué que la plupart des cellules cancéreuses ont été détruites, mais pas toutes. J'ai essayé d'en parler à Julie mais, chaque fois, elle dit en blaguant : « Ce poison à rats va ou me guérir ou me tuer. » Puis elle me pose une question à propos de l'école. Il est clair qu'elle ne veut pas en parler avec moi. Ça me fait beaucoup de peine parce que je sais qu'elle en parle avec Béatrice.

Je prends Solange dans mes bras et je la serre contre moi.

— Je veux être avec toi, lui dis-je. Je vais être ton amie.

— Promets ! supplie-t-elle. Promets que tu ne me laisseras pas tomber quand il y aura des grands.

— Je promets. Parole de jumelle !

— Parole de jumelle ? Qu'est-ce que c'est ?

— C'est ce qu'on dit, Julie et moi, quand on fait une promesse. On dit « Parole de jumelle ! » parce que c'est la chose la plus importante pour nous.

— J'aimerais avoir une jumelle. Et j'aimerais qu'elle s'appelle Élisa. Elle sourit malicieusement et ajoute : Si j'avais une jumelle, elle me lirait des histoires.

— D'accord ! Tu sais comment obtenir ce que tu veux. Qu'est-ce que ce sera ?

Elle court vers les étagères et revient les bras

chargés d'albums qu'elle laisse tomber sur la table devant moi.

Je comprends que je serai là pour un moment. Et puis après ! Ce n'est pas comme si j'avais autre chose de très important à faire, comme peuvent le croire Julie et Béatrice.

C'est comme ça que débute ma double vie. Chaque après-midi, je passe quelques heures au rez-de-chaussée avec Solange, « en cachette ».

Tout le monde sait que je joue avec Solange, mais personne ne sait combien de temps je passe avec elle.

Je ne m'inquiète pas des bavardages éventuels de Solange, car les autres ont tendance à l'écouter d'une oreille distraite.

Après avoir joué avec Solange, je monte raconter à ma sœur que je suis allée à une réunion des meneuses ou de tel comité.

Julie et Béatrice me croient. De temps à autre, Béatrice se tourne vers ma sœur et lui dit des phrases comme :

— L'an prochain, toi et moi, on sera dans l'équipe de rédaction de l'album-souvenir… L'an prochain, toi et moi, on fera des sorties à deux couples.

Ça me tue d'imaginer que Julie et Béatrice feront ensemble tout ce qu'on s'était promis de faire, ma sœur et moi. J'ai donc décidé que ça n'arriverait pas.

Une idée me trotte dans la tête depuis quelque

temps. Jusqu'à présent, tout va bien. Mais je n'en parle pas à Julie, ni à maman. Elles ne m'approuveraient pas.

— Je n'aime plus ces histoires, se plaint Solange, ce jour-là.

Elle ne se sent sûrement pas bien parce qu'elle a été grincheuse depuis mon arrivée.

— Veux-tu retourner dans ta chambre ? dis-je. Peut-être que ça te ferait du bien de t'étendre un peu.

— Non, répond-elle tristement.

— Veux-tu regarder la télé ?

— Non.

— Veux-tu jouer aux cartes ?

Long soupir.

— Solange ! Qu'est-ce que tu veux faire ?

— Je veux aller au parc et rouler à bicyclette et faire tout ce que j'aimais faire avant de venir ici.

Pauvre petite fille ! Ça me brise le cœur de la voir si triste. Elle se met à pleurer et je la supplie :

— Ne pleure pas. S'il te plaît, ne pleure pas. Je vais te lire une histoire.

Je choisis un livre qu'elle aime beaucoup. Je lui ai lu cette histoire une vingtaine de fois au moins. Elle ne s'en fatigue jamais.

Mais elle cache son visage au creux de mon épaule et dit :

— Je suis fatiguée d'entendre des histoires où les autres enfants font plein de choses. Ça me rend encore plus triste.

— Alors je vais te raconter une histoire de Solange, dis-je sous le coup de l'inspiration.

— Une histoire de moi ? demande-t-elle, les yeux pétillants.

— Ouais. Je vais te raconter ton histoire.

Il est temps que mon imagination serve à autre chose qu'à mentir.

— Il était une fois une petite fille appelée Solange et…

— Si c'est une histoire inventée, je veux que tu dises que j'ai une jumelle et qu'elle est comme toi.

— D'accord !

Je lui raconte donc l'histoire de deux jumelles, appelées Solange et Élisa. Je n'ai pas à inventer tant que ça, puisque je raconte une aventure qui nous est arrivée à Julie et moi, quand on était petites.

À partir de ce jour, Solange n'arrête plus de réclamer des histoires de jumelles. Elle ne se fatigue jamais de les entendre.

Je ne me fatigue jamais de les raconter, non plus.

CHAPITRE 9

Quand j'attrape un rhume, il est hors de question que j'aille au manoir. La chimiothérapie rend les malades très sensibles aux microbes.

Julie ne m'appelle qu'une seule fois. Elle ne se sent pas très bien à cause de la chimio, mais elle m'assure que les médicaments contre la nausée l'aident beaucoup. On ne se parle pas très longtemps, étant donné qu'on n'est pas tellement en forme.

À l'école, je me traîne encore plus misérablement que d'habitude. Je fais mon possible pour éviter le groupe des meneuses. Je n'ai pas assisté aux réunions ni aux parties. Et je ne vais plus à la cafétéria. C'est trop dur d'être entourée d'élèves qui rient et qui se bousculent. De toute façon, mon estomac est tellement noué que je n'ai pas faim. Les seuls endroits où je me détends assez pour manger sont la maison et le Manoir de l'Espoir.

Je passe l'heure du dîner à la bibliothèque. Je fais semblant d'étudier mais, en fait, je tue le temps. Chaque minute que je vis ailleurs qu'au manoir avec ma sœur est un instant vide ; je me contente de tuer le temps.

Mais ce jour-là, en sortant d'une classe, j'arrive nez à nez avec Catherine et Sarah.

— Élisa ! me dit Catherine. Tu ne viens plus aux réunions ni aux parties.

— Désolée ! dis-je d'un ton sarcastique. J'avais probablement des choses plus importantes en tête.

— On comprend, dit Sarah de cette voix compréhensive qui commence à me taper sur les nerfs. Ma sœur a eu l'appendicite l'an dernier et toute la famille était...

Mon regard la fait taire. Je m'en fiche que sa sœur ait eu l'appendicite. Ce n'est pas du tout la même chose. Elle est assez intelligente pour le comprendre.

— On comprend que tu passes une période difficile, dit Catherine. J'essaie seulement de savoir si tu veux que j'inscrive ton nom sur le calendrier.

Je ne dis rien et elle soupire.

— Ça pourrait te changer les idées, poursuit-elle. Il y a un match cette fin de semaine. Si tu veux venir avec nous, Sarah et moi, on peut te rencontrer après la classe et te remettre dans l'ambiance.

— Tu devrais me remplacer. Je suis pas mal occupée, ces temps-ci.

Catherine et Sarah échangent un regard du genre « On a essayé ».

— D'accord, dit Catherine.

Elle sort un petit calepin et y inscrit quelque chose.

— Je vais avertir l'administration que tu seras inactive pendant quelque temps. On n'en fera pas une démission officielle. Comme ça, ta place reste disponible. Dès que tu voudras la reprendre, tu n'auras qu'à me le dire. D'accord?

— Très bien.

— Comment va Julie?

— Elle va beaucoup mieux.

Je ne suis pas certaine de dire la vérité. Ma sœur se sent mal très souvent. Mais il paraît que c'est une réaction normale à la chimiothérapie.

— On pensait aller la voir, dit Sarah. Crois-tu que ça lui ferait plaisir?

— Non! dis-je vivement.

C'est la dernière chose que je veux. Si elles rendent visite à Julie, elle découvrira quel paquet de mensonges je lui ai fait. J'ajoute:

— Elle va mieux, mais elle est encore trop malade pour recevoir des visiteurs.

— C'est dommage! On va attendre alors, dit Catherine. Mais dis-lui qu'on pense à elle. Et dis-lui qu'on lui garde sa place dans l'équipe, comme on garde la tienne.

Je sais qu'elle essaie d'être gentille. Je sais qu'elle fait son possible pour être amicale. Et je sais que je devrais la remercier, mais j'en suis incapable. Je ne veux pas de leur amitié ni de leur sympathie. Alors je ne dis rien et je regarde simplement s'éloigner Catherine, la capitaine des meneuses, ma « meilleure amie ».

Sarah me ramène sur terre en me touchant le bras.

— Quoi? dis-je brutalement.

Elle sursaute, mais ne réplique pas.

— Je veux seulement te dire que tu peux revenir sur ta décision au sujet de l'album-souvenir, dit-elle.

Elle choisit ses mots avec soin. Elle baisse la voix jusqu'au murmure, comme si elle complotait dans le dos de Catherine.

— L'équipe de rédaction de l'album-souvenir est plus discrète que celle des meneuses. Si tu veux, tu peux venir rencontrer certains des rédacteurs. Tu n'es pas obligée de participer. Tu peux juste nous tenir compagnie.

Tu parles d'une proposition bizarre. Dans la vie totalement inventée que je décris à ma sœur, je fais *déjà* partie de l'équipe de rédaction de l'album-souvenir. Et voilà que Sarah m'offre l'occasion de changer le mensonge en vérité.

Mais je ne saisis pas l'occasion. Je marmonne à Sarah que je la verrai plus tard et je me sauve.

En me dirigeant vers ma classe, je rencontre Jocelyn. Décidément, ce n'est pas ma journée. Mais je suppose que toutes les rebuffades qu'il a essuyées ont fait effet : il passe près de moi sans me regarder.

À la fin de la semaine suivante, la toux et les reniflements ont enfin disparu. Mais une tempête de neige fait rage et les autobus ne circulent pas pendant quelques jours. Ce n'est qu'à la mi-décembre que je peux retourner au Manoir de l'Espoir.

L'endroit est déjà décoré pour Noël.

Je reste environ une heure avec Solange pour regarder ses cartes de Noël et l'aider à écrire sa lettre au père Noël. Puis je monte voir ma sœur.

Je les entends, Béatrice et elle, avant même d'avoir atteint le milieu du couloir. Aline est dans l'embrasure de la porte de leur chambre et rit avec elles.

— Qu'est-ce qui se passe ? dis-je en m'empressant de la rejoindre.

J'ai un grand sourire pour être au diapason de leur bonne humeur. Mais quand je regarde dans la chambre, mon sourire tremble et j'ai plutôt envie de hurler. Julie et Béatrice sont assises dans leur lit, coiffées de perruques identiques !

— Qu'est-ce que tu en penses ? me demande ma sœur. Un donateur nous a fait cadeau d'une pleine boîte de perruques, cette semaine.

Béatrice se regarde dans le miroir et fait la moue.

— Je *feux* être seule, dit-elle d'une voix grave à l'accent étranger.

Je suppose qu'elle essaie d'imiter Greta Garbo.

Julie se met à rire de manière hystérique, comme si c'était la phrase la plus drôle qu'elle ait jamais entendue de toute sa vie. Puis elle imite à son tour l'actrice allemande :

— Je *feux* être seule aussi. Et toi, *fraulein* ? me demande-t-elle.

« Je suis seule ! » ai-je envie de dire. Je ne me suis jamais sentie aussi seule. Aline applaudit et dit :

— J'ai une idée brillante. Vous savez qu'il y aura une fête costumée avant Noël ?

— À l'Halloween, c'était super ! dit Béatrice.

— Le docteur Hardy dit que les fêtes costumées sont excellentes pour le moral, le sien y compris. Il dit qu'il en a assez de voir des gens en pyjamas et en vestes blanches.

— Vous avez eu une fête costumée à l'Halloween ? dis-je, époustouflée.

C'est la première fois que j'en entends parler.

— Ouais, dit Julie. Mais elle a commencé seulement à vingt heures et tu étais déjà partie.

L'Halloween a toujours été une fête spéciale pour Julie et moi. On aimait inventer des costumes. Cette année, je n'en ai pas parlé parce que ma sœur était au manoir et ne se sentait pas très bien. Elle n'en a pas parlé non plus. J'en avais conclu que ça ne l'intéressait pas.

Le soir de l'Halloween, je suis restée seule à la maison à regarder des films d'horreur en pensant à ma sœur. Je ne peux pas croire qu'elle s'amusait, pendant ce temps, avec Béatrice. Pour couronner le tout, elle ne m'en a même pas parlé.

— Si je réussis à dénicher ce qu'il faut, vous déguiserez-vous en *Ding et Dong*, les filles ? demande Aline.

Julie et Béatrice crient de joie.

Julie saisit une banane dans le panier de fruits et la tient comme un micro. Elle ricane en disant :

— Est effrayante ! Est effrayante !

Puis elle lance la banane à Béatrice, qui la saisit

au vol et se met à dire à son tour :

— Terrible ! Terrible ! Terrible !

Elles se rejoignent dans l'espace entre les lits et se claquent les paumes.

— Quel duo ! Mais quel duo ! proclame Julie.

Roger et le docteur Gendron observent la scène par-dessus l'épaule d'Aline.

— Vous êtes formidables ! s'écrie Roger. Vous serez le clou de la soirée.

— Oui, vous verrez ! leur lance Julie pendant qu'ils s'éloignent.

Elle se tourne vers Béatrice et ajoute tout bas :

— À moins qu'on ne soit en train de vomir.

— Ne m'en parle pas, dit Béatrice en levant les yeux au ciel.

Pendant tout ce temps, je me tiens dans un coin de la pièce. Avant de pouvoir les retenir, je sens des larmes couler sur mes joues.

Ma sœur se précipite vers moi en disant :

— Qu'est-ce qu'il y a, Élisa ?

Je secoue la tête. Je ne peux pas expliquer ce que je ressens. C'est tellement enfantin et égoïste. Je ne peux pas lui dire : « Tu ne m'as pas invitée à la fête d'Halloween. Tu ne m'en as même pas parlé ! Et te voilà tout excitée à l'idée de faire un duo avec Béatrice ! »

Non, je ne peux pas lui dire ça. Alors, qu'est-ce que j'ai dit ? Un autre mensonge.

— C'est Jocelyn. On s'est disputés.

— Oh ! s'exclament-elles toutes les deux, avec intérêt.

— On devait aller à une soirée ensemble. J'avais dit à maman que j'y allais avec Catherine, mais, en réalité, c'était avec Jocelyn. Maintenant, on ne se parle plus, lui et moi. La sortie est annulée.

— C'est terrible ! dit Béatrice en me regardant avec sympathie. Pourquoi vous êtes-vous disputés ?

Hum ! Pourquoi ?

— Oh ! c'est trop stupide pour en parler ! dis-je, comme si c'était quelque chose de vraiment personnel.

Je jette un coup d'œil à Julie. Son visage n'exprime pas de la sympathie, mais de la déception. On dirait que c'est *sa* sortie qui est tombée à l'eau.

— Jocelyn et toi, vous avez rompu ? répète-t-elle lentement.

Je hoche la tête. Dorénavant, au moins, je n'aurai plus à inventer des histoires à propos de Jocelyn et moi.

— Vous allez reprendre, dit ma sœur d'un ton confiant.

— Non, dis-je.

— Oui, insiste-t-elle.

Sa voix est si pressante que je comprends l'importance que mes mensonges ont pris dans sa vie. Son identité est liée à la mienne. Elle voudrait avoir un ami, elle voudrait être populaire, elle voudrait être une meneuse. Puisqu'elle ne peut pas réaliser ces souhaits, c'est à moi de le faire pour elle.

— Bien sûr que vous allez reprendre, dit Béatrice. Mais probablement pas cette semaine. Alors, il va falloir que tu t'arranges pour venir fêter avec nous, pauvres malades, ce soir-là.

C'est ça que je voulais entendre, mais j'aurais aimé que l'invitation vienne de ma sœur.

Qu'est-ce que j'entends du côté de Julie ? Rien !

— Il y a beaucoup de perruques dans la boîte, continue Béatrice. On va en choisir une autre et on va demander un troisième costume à Aline. Comme ça, on formera un trio.

Je regarde ma sœur, attendant encore qu'elle ajoute quelque chose du genre : « S'il te plaît, Élisa, ça ne sera pas amusant si tu n'es pas là ! »

Mais elle ne dit rien.

— Ça sera super, hein, Julie ? dit Béatrice.

— Ouais, bien sûr, répond ma sœur d'un ton peu convaincu.

— Alors, tu vas venir ? me supplie Béatrice. S'il te plaît, dis que tu vas venir.

C'est tout ce que j'obtiendrai, alors je le prends pendant que ça passe :

— Je viendrai, dis-je.

CHAPITRE 10

Le soir de la fête, maman et moi, on arrive au Manoir de l'Espoir vers dix-huit heures. Il y a une réception et une rencontre du groupe de soutien pour les parents au salon du rez-de-chaussée.

Dès notre arrivée, maman aperçoit deux autres mères qu'elle a rencontrées à plusieurs reprises au manoir. Elle va les rejoindre pendant que je me dirige vers la chambre de ma sœur.

Julie et Béatrice sont déjà costumées. Une perruque et un costume m'attendent au pied du lit de ma sœur.

Quand Julie m'aperçoit, la déception se lit sur son visage.

— C'est toi ! dit-elle.

— Tu attendais Brad Pitt ?

Elle sourit et répond :

— Non, j'espérais juste que tu aies repris avec Jocelyn et que tu sois à l'autre fête avec lui.

— Es-tu folle ? Et manquer celle-ci ?

Je tiens le costume devant moi. Il est trop long de plusieurs centimètres.

— Aline va venir les raccourcir, m'explique

Béatrice. Elle va aussi apporter des cassettes pour qu'on apprenne les paroles de quelques numéros.

La fête m'ouvre les yeux. Étant donné que je vois ma sœur seulement dans sa chambre, je n'ai pas vu à quel point elle est populaire au Manoir de l'Espoir.

Aline a mis un temps fou à épingler nos costumes. La fête est déjà commencée quand on arrive.

Parmi les participants, il y a une vingtaine d'adolescents qui ont l'air de patients. Certains sont des pensionnaires du manoir et d'autres viennent y subir régulièrement des traitements. Il y a aussi cinq enfants qui sont des amis ou des parents des patients. Puis il y a Roger et Aline. Le docteur Robin n'est malheureusement pas là, mais le docteur Hardy se tient près de la table tournante, s'apprêtant à jouer au présentateur.

Roger nous aperçoit et crie :

— Julie !

« Julie », le mot magique, le signal que la fête peut vraiment commencer.

Tous les regards se tournent vers elle. Tous les visages lui sourient.

J'ai l'impression d'être dans les coulisses au moment où une grande comédienne entre en scène. Ces personnes ont besoin d'elle, de son enthousiasme et de sa joie de vivre. Elle le sait et elle ne les laissera pas tomber.

Ma sœur se redresse et s'avance d'un pas conquérant jusqu'au milieu de la pièce.

— Montez le volume ! dit-elle au docteur Hardy en bougeant les épaules au rythme de la musique. Que se passe-t-il ici ? demande-t-elle aux autres. Vous ne dansez pas ?

— Il n'y a pas assez de garçons, répond une fille reliée à une tige à soluté.

— Oh ! ouais ? s'écrie Julie en riant.

Dans un élan d'inspiration, elle saisit une assiette en carton et trouve un marqueur. Tout le monde se regroupe autour d'elle. Elle dessine un visage à moustache sur l'assiette qu'elle attache au crochet de la tige à soluté, puis elle noue dessous une serviette en papier en guise de nœud papillon.

Voilà ! La longue perche est devenue un partenaire de danse. Tout le monde applaudit lorsque la fille se met à danser en faisant tourner sa tige à soluté.

— Moi aussi ! demande un garçon également relié à une tige à soluté.

Ma sœur dessine un visage féminin sur une assiette en carton, l'attache à la tige métallique et y ajoute deux autres assiettes qu'elle place stratégiquement côte à côte.

— Mitsou ! s'écrie le garçon.

Ça n'a pris que quelques minutes pour que Julie mette de l'ambiance. Un garçon déguisé en vampire m'invite à danser.

— Je m'appelle Édouard, dit-il. Es-tu une visiteuse ou une patiente du manoir ?

— Je suis la sœur de Julie. On est des jumelles, dis-je, au cas où il ne l'aurait pas remarqué.

107

— Oh ! oui, tu es une vraie légende au Manoir de l'Espoir ! Tu es Élisa, notre ambassadrice du monde extérieur.

Tu parles d'une ambassadrice ! J'ai plus de plaisir à cette fête que je n'en ai eu depuis le début de l'année scolaire. J'ai plus de liens ici qu'à l'école. C'est parce que j'y suis à ma place, près de ma sœur.

Édouard et moi, on danse encore quand Béatrice vient me dire :

— C'est le temps du spectacle !

Notre numéro d'imitation de *Ding et Dong* remporte un franc succès. L'extravertie en moi s'en donne à cœur joie. Même après que mes partenaires ont quitté la scène, je continue à singer Dong.

Je penche la tête en arrière comme il le fait si souvent et ma perruque tombe par terre. Les spectateurs éclatent de rire. Pour leur plus grande joie, je mime l'embarras en remettant ma perruque à l'envers, puis de travers, puis de nouveau à l'envers.

Finalement, quand je quitte la scène, Roger vient me dire :

— Tu es fantastique ! Je vois d'où Julie tient sa personnalité.

Il se trompe complètement sur l'importance de chacune. Mais, hé ! qui suis-je pour argumenter avec un infirmier diplômé ?

Du coin de l'œil, j'aperçois ma sœur qui s'éclipse en douce de la salle. Je remercie Roger de ses compliments et le laisse pour suivre Julie.

Elle est déjà près de l'ascenseur quand je sors dans le couloir. Je cours la rejoindre. Son visage est verdâtre.

— Je ne me sens pas bien tout à coup, m'explique-t-elle. Mais tu n'es pas obligée de quitter la fête. Reste et amuse-toi.

— Ne sois pas ridicule ! On va aller dans ta chambre.

On arrive juste à temps. Julie court à la salle de bains et je l'entends vomir. Quand elle me rejoint, elle se laisse tomber sur son lit. Elle enlève sa perruque et la laisse tomber par terre.

— Tu sais quoi ? me demande-t-elle avec un soupir.

— Quoi ?

— Le cancer, c'est déprimant !

Je m'assieds sur une chaise près de son lit et je lui prends la main.

— Ça ne durera pas toujours, Julie. Tu vas sortir bientôt. Je viens de parler à Édouard. Il va rentrer chez lui le mois prochain.

— Ouais. Bien sûr.

Je n'ai pas le temps d'ajouter quelque chose. La porte s'ouvre et Solange entre dans la chambre, en chemise de nuit, un loup de peluche dans les bras.

— Tu n'es pas venue me voir ce soir, me dit-elle.

— Excuse-moi. Mais ce soir, il y avait une fête.

— Pour les grands ?

— Oui, pour les grands.

Elle me regarde un moment en silence, puis dit :

— Tu m'avais promis de ne pas m'oublier quand il y a des grands !

Elle a raison : j'ai manqué à ma promesse. Je lui demande :

— Qu'est-ce que je peux faire pour que tu me pardonnes ?

— Raconte-moi une histoire de jumelles, me répond-elle en grimpant sur mes genoux. Raconte-moi celle où les jumelles trouvent un chien perdu.

— Encore ?

— Encore !

Je lui raconte cette aventure qui nous est réellement arrivée, à Julie et à moi. On avait décidé de retrouver les propriétaires d'un chien perdu. On avait sonné à toutes les portes du quartier. Deux heures plus tard, le chien avait retrouvé sa maison. Mais nous, on était rendues si loin de chez nous qu'on était perdues ! On était toutes petites et on ne se rappelait pas notre numéro de téléphone. Alors, les propriétaires du chien ont dû sonner à toutes les portes pour retrouver notre maison.

Ma sœur éclate de rire et dit :

— J'avais oublié cette histoire. Tu te rappelles l'amie de maman, la journaliste ? Elle avait écrit cette histoire et avait même ajouté une photo de nous et du chien quand son texte a été publié dans le journal. On avait plusieurs exemplaires de cet article. Je ne sais pas ce qu'ils sont devenus.

— Ils sont dans la boîte de photos de maman. Je les ai vus il n'y a pas longtemps.

— Est-ce que tu m'apporteras une photo ? demande Solange. S'il te plaît. Je veux voir de quoi les jumelles et le chien avaient l'air.

— Elles étaient comme nous, mais plus petites, dit Julie. Élisa, raconte-lui la fois où on a voulu s'enfuir de la maison. Quand on a eu fini de mettre chaque chose en double dans la valise, elle était trop lourde.

Je ris. J'avais presque oublié cette histoire. Elle me revient en tête à mesure que je la raconte à Solange.

Ma sœur se prépare pour la nuit pendant ce temps-là. Tout en se démaquillant et en revêtant sa chemise de nuit, elle ajoute des détails. Par exemple, qu'on avait décidé d'alléger la valise, mais qu'on n'arrivait pas à s'entendre sur ce qu'il fallait laisser. Finalement, il était si tard qu'on avait décidé de remettre la fuite au lendemain. Le lendemain, bien sûr, on avait oublié pourquoi on voulait s'enfuir et on avait abandonné le projet.

Ma sœur éteint sa lampe de chevet. La pièce n'est plus éclairée que par la lune et par un rayon de lumière qui passe sous la porte de la salle de bains. C'est tellement confortable que j'aimerais rester ici toute la nuit.

Je ne suis pas la seule à apprécier ce moment douillet. Ma sœur pousse un long soupir de contentement et suggère :

— Raconte-lui quand on a essayé de trouver le trésor dans le jardin.

Solange et ma sœur s'endorment au son de ma voix. La tête de Solange se fait lourde sur mon bras. Il est tard. Maman m'attend probablement en bas.

Très silencieusement, je me dirige vers la porte, portant Solange dans mes bras. Comme j'atteins la porte, soudain Julie chuchote :

— Bonne nuit, Élisa.

Sa voix est basse et endormie.

— Je pensais que tu dormais, dis-je dans un murmure.

— Presque, dit-elle. Merci d'être venue ce soir. Je sais que ça a dû être très ennuyant pour toi.

— Tu veux rire ? Je me suis amusée comme une folle.

— Je suis désolée.

— Mais de quoi ? Je te l'ai dit : je me suis amusée comme une folle.

— Je suis juste désolée d'être malade. Ce n'est pas ce que j'avais prévu pour cette année. Je suis désolée que tu sois obligée de venir perdre ton temps ici à cause de moi. Je m'excuse de t'avoir laissée tomber.

Je reviens m'asseoir près de son lit et je lui dis :

— Voyons, Julie, tu ne me laisses pas tomber. Ce n'est pas ta faute si tu es malade. Tu n'as pas lu la petite brochure qu'ils nous ont donnée ?

Je la taquine. On a reçu des brochures décrivant les émotions par lesquelles les malades passent lorsqu'ils apprennent qu'ils ont le cancer. On y explique que personne n'attrape le cancer parce qu'il l'a mérité. Le cancer n'est pas une punition.

Julie sourit d'un air endormi.

— Je sais, dit-elle. C'est juste que je m'apitoie sur mon sort. Et parce qu'on est jumelles, je suppose que je m'apitoie sur ton sort aussi. Je suis trop fatiguée pour raisonner clairement.

Elle ferme les yeux et marmonne presque pour elle-même :

— Je n'ai pas à m'apitoyer sur ton sort, pas vrai ? À l'école, tout va si bien !

— C'est vrai ! Ça ne pourrait pas aller mieux.

— Et je suis sûre que ça va se placer avec Jocelyn.

— Évidemment. Tout ce qu'il a à faire est de m'envoyer une centaine de roses et de m'emmener souper dans un restaurant très chic.

Elle rit et se retourne en tirant les draps.

— Bonne nuit ! Et merci encore pour tout, dit-elle.

CHAPITRE 11

À Noël, Julie fait une rechute. Elle est si faible qu'elle doit faire un séjour à l'hôpital Saint-Étienne. L'anémie dont elle souffre est causée par la chimiothérapie.

Ma sœur blaguait quand elle disait que la chimiothérapie est du « poison à rats », mais elle n'était pas très loin de la vérité. Les médicaments sont censés empoisonner les cellules cancéreuses, mais ils détruisent aussi de nombreuses cellules saines, comme les globules rouges qui transportent l'oxygène dans le corps. Quand le nombre de globules rouges diminue, l'organisme ne reçoit plus assez d'oxygène et ne fonctionne plus très bien. C'est ça, l'anémie.

Ma sœur a besoin d'une transfusion sanguine, de repos et de beaucoup de légumes verts. Ensuite, elle poursuivra sa chimiothérapie.

Maman et moi, on va voir Julie à l'hôpital le jour de Noël. Ma sœur est si faible qu'on doit déballer ses cadeaux.

Il y a de nombreuses activités à l'hôpital. Mais Julie est trop malade pour y participer et maman et moi, on est trop déprimées.

Inutile de le dire, ma sœur ne veut rien savoir de la nourriture. Alors maman m'emmène manger dans un restaurant près de l'hôpital. On y annonce un repas de Noël complet. On nous donne une belle table placée près du foyer.

— Je me demande si tous ces gens sont venus visiter quelqu'un à l'hôpital, dis-je. Oh ! le docteur Gravel et le docteur Ambroise ! Regarde par-dessus ton épaule... mine de rien.

Maman fait semblant de chercher la serveuse des yeux.

— Tu as raison, me dit-elle. Est-ce qu'il y a quelque chose entre ces deux-là ?

— S'il y a quelque chose ? C'est meilleur qu'un feuilleton télévisé.

Je lui rapporte tout ce que Solange, Julie et Béatrice m'ont raconté au sujet de cet amour naissant.

— On dirait que tu es vraiment branchée sur ce qui se passe au manoir, dit maman en riant.

Elle change d'expression et devient sérieuse.

— Es-tu aussi branchée sur ce qui se passe à l'école ? ajoute-t-elle.

Jusque-là, maman a été trop occupée par son travail et par Julie pour surveiller mes activités. Chaque fois qu'elle me pose une question, je donne une réponse évasive. Elle en semble satisfaite, ce qui est parfait pour moi. Une surveillance parentale viendrait contrecarrer mes plans.

— Eh bien ? Comment ça va à l'école ? insiste-t-elle.

— Bien.

— Parole de jumelle ?

Je rougis en pensant au relevé de notes caché parmi mes sous-vêtements dans ma commode.

— Parole de jumelle ! dis-je en prenant bien soin de me croiser les doigts sous la table.

Mes problèmes commencent quelques jours après le retour en classe, en janvier. Ma sœur est retournée au Manoir de l'Espoir et poursuit son traitement de chimiothérapie.

J'ai passé quelques heures avec Julie et, comme je m'apprête à sortir pour aller prendre l'autobus, quelqu'un m'appelle.

C'est Andrée Sergerie, la travailleuse sociale. Maman lui a parlé à plusieurs reprises mais moi, je l'évite. Je n'ai pas envie de lui expliquer pourquoi je ne participe pas aux rencontres de thérapie de groupe.

Elle se tient dans l'embrasure de la porte de son bureau et me demande :

— Pourrais-tu venir une minute, Élisa ?

Que je le veuille ou non, on va avoir une conversation ensemble.

Devine qui est assise dans son bureau.

Ma mère ! Elle tapote contre son genou une feuille de papier que je reconnais. Je deviens cramoisie.

Andrée a cette voix basse et douce que tous les professionnels en « relation d'aide » semblent avoir.

— Élisa, dit-elle, penses-tu qu'on pourrait avoir une conversation toutes les trois ?

Elle me pose la question comme si j'avais le choix ! Elle me trouve stupide ou quoi ? Je n'ai pas le choix et nous le savons toutes les trois.

Je jette un coup d'œil à maman. Elle est impassible. Elle a dû se faire dire de rester calme.

Andrée ferme la porte et me fait signe de m'asseoir.

Maman me montre la feuille de papier et dit :

— La direction de l'école m'a appelée cet après-midi. J'ai envoyé un messager chercher ceci.

C'est une photocopie de mon relevé de notes : trois D et un C.

— Je veux que vous compreniez quelque chose toutes les deux : ceci n'est pas du tout inhabituel, dans les circonstances, dit doucement Andrée. Quand un membre de la famille est malade, très souvent les autres commencent à manifester de la colère et de la frustration. Parfois, cette manifestation prend la forme d'une inconduite. Parfois, les notes en souffrent. Ce que nous devons trouver, c'est comment aider Élisa à exprimer ses sentiments de façon plus constructive.

La lèvre de maman se met à trembler. Elle est vraiment bouleversée.

— Je suis responsable de ce qui arrive, dit-elle. Élisa, ma chouette, je suis désolée. Je suis si désolée ! Je sais qu'entre mon travail et Julie je n'ai pas eu beaucoup de temps à te consacrer. Je vais essayer de corriger cette situation. Je te le promets.

C'est terrible. Voilà que maman croit que c'est sa faute et promet de faire mieux, alors qu'elle fait déjà tout son possible. Je ne peux pas lui laisser porter le blâme. Je suis peut-être une menteuse, mais je n'irais jamais jusque-là.

— Ce n'est pas ta faute, lui dis-je. Mes mauvaises notes ne sont pas une manière stupide d'attirer ton attention.

— Qu'est-ce que c'est alors ? demande maman.

Andrée se tourne vers moi et dit :

— Élisa, tout le monde au manoir a remarqué à quel point tu t'occupes de ta sœur. On t'admire énormément pour ça. Mais peut-être que tu passes trop de temps ici et pas assez pour étudier. Peut-être qu'on devrait réduire tes heures de visite jusqu'à ce que tu aies rattrapé ton retard.

— Non !

J'ai crié si fort qu'elles ont sursauté toutes les deux. Je supplie plus doucement :

— S'il vous plaît, ne m'empêchez pas de voir Julie.

— Mais si tu ne peux pas étudier assez…

— Je le peux. J'ai bien assez de temps pour étudier.

— Alors, qu'est-ce qui se passe ? demande Andrée.

— Je n'ai pas étudié.

— Pourquoi ? La matière est trop difficile ?

— Non.

— Alors pourquoi as-tu de si mauvais résultats ?

Je baisse la tête.

— Élisa, s'il te plaît, aide-nous à comprendre, dit maman.

— Je veux couler mon année, dis-je tout bas. Pour pouvoir la recommencer l'an prochain.

— Pourquoi ? demande Andrée.

Je ne voulais pas pleurer, mais c'est plus fort que moi. Mon plan s'écroule. Mes rêves s'effacent.

— Pour que Julie et moi, on puisse recommencer la première secondaire ensemble. Qu'on puisse profiter de tout ce qu'on a imaginé faire ensemble. Je veux qu'on fasse tout notre secondaire ensemble, et notre collégial. Si je ne coule pas mon année, je perdrai Julie pour toujours, expliqué-je entre deux sanglots. Rien ne sera plus jamais pareil. Rien ! Jamais !

Un sanglot se fait entendre de l'autre côté de la table. Je vois maman tendre la main vers la boîte de mouchoirs de papier.

— Oh ! Élisa ! dit-elle d'une voix étouffée. Oh ! Élisa !

Elle se lève et sort de la pièce en chancelant.

Je me lève à mon tour pour la suivre, mais Andrée pose la main sur mon bras et me fait rasseoir. Elle me tend des mouchoirs de papier et me laisse pleurer.

Puis elle se met à parler. Elle me dit que c'est important de vivre pour aujourd'hui et à quel point c'est stupide de me sacrifier. Est-ce que Julie voudrait que je coule mon année ? Est-ce que Julie voudrait que je redouble une année à cause d'elle ?

— Non, dis-je. Elle ne le voudrait pas. C'est justement ce qui me dérange.

— Qu'est-ce que tu veux dire ? demande-t-elle gentiment.

— Moi, je m'inquiète de notre séparation, mais elle n'a pas l'air de s'en faire. Être ma jumelle n'est plus aussi important pour elle. Si ça l'était, elle serait préoccupée, elle aussi, d'avoir une année de retard sur moi.

— Ta sœur est malade, Élisa. Elle a beaucoup de choses en tête. L'une de ces choses, c'est qu'elle a peur de t'empêcher de faire tout ce que tu as envie de faire. Elle ne veut pas que sa maladie gâche ta vie.

Je secoue la tête. Ce que dit Andrée n'explique pas l'attitude de Julie. C'est devenu cruellement évident que j'ai plus envie d'être avec elle qu'elle avec moi. Pourquoi ? Pourquoi ma propre jumelle ne veut-elle plus de moi ?

— Ta sœur t'aime, Élisa. Elle parle tout le temps de toi. Être ta jumelle est très important pour elle. Je le sais et tout le monde au manoir le sait. Elle raconte à quel point tu es populaire et active, et combien tu es intelligente. Tu es intelligente, Élisa, en dépit de ce que montre ce relevé de notes.

Andrée pense qu'elle me réconforte, mais elle me donne encore plus mauvaise conscience. Tout ce que ma sœur raconte sur mon compte est archifaux.

— Parle à ta sœur de ce que tu ressens, suggère

Andrée. Si tu as peur que le lien spécial qui vous relie se relâche, partage ta crainte avec elle. Sois honnête avec elle.

Je me mouche et je hoche la tête. Andrée a raison : il est temps que je sois honnête avec ma sœur. Je déteste mentir. Je promets à Andrée de parler à Julie dès le lendemain.

* * *

Ça me prend trois jours pour rassembler le courage nécessaire pour me confesser.

J'arrive au manoir un peu plus tôt que d'habitude. Solange est dans l'entrée. Elle me crie :

— Tu es venue !

Je la prends dans mes bras et lui dis :

— Bien sûr que je suis venue. Est-ce que je ne viens pas, d'habitude ?

— La dernière fois qu'il y a eu une fête, tu n'es pas venue l'après-midi.

— De quoi parles-tu ?

— Il y a une grande fête ce soir. C'est l'anniversaire d'Aline et tout le monde est invité, même moi. Tu ne le savais pas ? Ça fait deux semaines qu'ils la préparent.

— Non, je ne le savais pas. C'est juste pour les patients, hein ?

— Non ! C'est pour tout le monde, même moi.

J'aimerais bien qu'elle arrête de dire ça. De toute évidence, ce n'est pas pour tout le monde.

Julie ne m'en a même pas parlé. Ni Béatrice. Il y a conspiration.

À cet instant, madame Bradette passe avec un plateau plein de biscuits. Roger la suit avec un gâteau.

— Bonjour, Élisa, me dit-il. Tu restes ce soir pour la fête ?

— Je n'en suis pas sûre.

Je dépose Solange par terre et je me dirige vers l'escalier.

— Tu ne me racontes pas une histoire ? me demande la petite fille.

— Plus tard. Je dois d'abord parler à ma sœur.

À mesure que je monte l'escalier, la colère grandit en moi. Qu'est-ce qui lui prend, de toute façon ? Pourquoi Julie ne veut-elle pas que j'assiste à la fête pour Aline ?

Quelle ingratitude ! Je suis prête à tout sacrifier pour ma sœur et elle ne veut pas de moi.

Furieuse, je me précipite dans le couloir : on va avoir une bonne explication une fois pour toutes.

Mais soudain, la porte de la chambre de Julie s'ouvre et un groupe de filles en sort. Sous le coup de la surprise, je ne reconnais pas tout de suite Catherine, Sarah et presque toute l'équipe des meneuses.

— Salut, Julie ! dit Catherine. Ça nous a fait plaisir de te voir. On serait venues plus tôt, mais Élisa nous a dit que tu ne voulais pas de visites.

Je me cache juste à temps dans un placard à balais et j'attends que les meneuses s'éloignent.

Quand le danger est passé, je sors de ma cachette et je me rends à la chambre de Julie. Ma sœur est assise sur son lit. Dès qu'elle m'aperçoit, son regard se durcit.

Béatrice nous regarde à tour de rôle, puis s'écrie :

— Je ne reste pas ici.

Et elle se précipite hors de la chambre.

— Je ne peux pas le croire ! s'écrie Julie. Tu leur as dit de ne pas venir me voir ! Pendant tout ce temps, je pensais qu'elles se fichaient de ce qui m'arrive. Pourquoi as-tu fait ça ?

— Je suppose que c'est pour la même raison qui t'a empêchée de me parler de la fête organisée pour Aline, ce soir. Je ne te vois pas faire des efforts pour m'inclure dans ton groupe d'amis. Pourquoi est-ce que je devrais faire des efforts pour te faire accepter dans mon groupe d'amies ?

— Elles ne sont pas tes amies ! Pourquoi mens-tu ainsi ? Elles m'ont montré des photos des matches et des soirées. Tu sais quoi ? Tu n'étais pas sur une seule de ces photos ! Elles m'ont dit qu'elles t'ont à peine vue depuis que je suis malade. Tu m'as menti. Tu as menti sur *tout* ! Pourquoi ? Pourquoi m'as-tu menti ?

— Parce que tu m'y as *forcée !* Tu ne veux pas entendre la vérité.

— Ce n'est pas vrai !

— Oui, c'est vrai !

Je suis vraiment furieuse. Je ne m'en étais pas rendu compte avant qu'on se mette à hurler.

123

— Tu m'as très clairement fait sentir que tu ne voulais rien savoir de ma vie à moins qu'elle ne soit un grand succès social. Je devais être mademoiselle Popularité, pour que tu puisses te sentir mademoiselle Popularité, toi aussi. Tu voulais vivre à travers moi, m'utiliser pour être fière de toi. Tu ne t'intéresses plus à *moi*, ni à nous ni à ce qu'on reste amies, ni à ce qu'on soit jumelles. Tu ne voulais pas de moi à la fête de ce soir !

— Pourquoi voudrais-tu être ici ce soir ? me demande-t-elle en tapant son matelas du poing. C'est ce que je ne comprends pas. C'est tellement pathétique. Pourquoi voudrais-tu être avec des malades alors que tu pourrais t'amuser avec Catherine et Sarah ? Qu'est-ce que tu as ? Tu ne trouves rien de mieux à faire que de traîner ici ? Tu veux te gagner des indulgences en étant gentille avec les pauvres malades ? S'il te plaît ! Fiche-nous la paix, veux-tu ? Une Aline, c'est suffisant !

Elle est blême et tremblante. Moi aussi.

— Très bien ! J'ai mieux à faire ! J'ai beaucoup d'autres choses à faire !

— Nommes-en une ! me provoque-t-elle.

Je ne prends pas la peine de répondre et je me précipite hors de la chambre.

Maman sort de la cuisine en entendant la porte claquer.

— Qu'est-ce qu'il se passe ? Qu'est-ce qui ne va pas ? demande-t-elle en voyant l'expression sur mon visage.

— Rien ! Sauf que je déteste Julie ! Je ne retournerai plus jamais au manoir. Julie peut bien y passer le reste de sa vie, en ce qui me concerne, parce que *je m'en fiche si je ne la revois plus jamais !*

CHAPITRE 12

En y repensant, je voudrais avoir agi différemment, ne pas avoir prononcé certaines paroles. Ça me rend malade quand je me souviens d'avoir dit ça à maman. Elle a dû tellement en souffrir.

Tu vois, elle savait déjà que Julie allait probablement mourir. Elle le savait quand nous étions dans le bureau d'Andrée. C'est pour ça qu'elle était si bouleversée.

Le pire c'est qu'elle le savait durant toute cette période où j'ai été butée et odieuse, refusant de retourner au Manoir de l'Espoir.

Mon entêtement a duré deux mois, deux longs mois.

Maman a essayé de me faire changer d'idée, mais en vain. Je ne demandais pas de nouvelles de ma sœur, non plus. Si je l'avais fait, maman m'aurait révélé la vérité. Mais je ne voulais rien savoir.

Chaque fois que maman me demandait si je voulais l'accompagner au manoir, je répondais que j'étais trop occupée. En fait, c'était vrai. Ces deux mois ont été incroyablement remplis.

Chaque après-midi, j'avais des cours de rattrapage à la bibliothèque. Maman, Andrée et la direction de l'école s'étaient groupées pour me convaincre que je devais améliorer mes résultats scolaires. Je ne les ai pas contrariées. À quoi cela aurait-il servi que je rate mon année ? Julie m'avait bien fait comprendre qu'elle s'en fichait qu'on soit ensemble ou non.

Quelques-uns de mes enseignants m'ont proposé leur aide. Comme ils savaient que ma sœur avait le cancer, ils étaient compréhensifs.

Parfois, ils demandaient à d'autres élèves de travailler avec moi. À la fin de janvier, mon professeur d'espagnol a commencé à se confondre en excuses parce qu'elle avait une réunion pédagogique. Mais elle m'a dit que je ne devais pas m'en faire : un de ses meilleurs élèves avait accepté de la remplacer.

Devine qui c'était.

C'est ça : *Señor Jocelyn.*

Quand il s'est assis à côté de moi à la bibliothèque, j'ai pensé que j'allais mourir d'embarras. Il devait croire que j'étais la pire idiote de la planète. Cinq mois plus tôt, on s'était embrassés devant chez moi. Par la suite, j'avais agi comme si je ne l'avais jamais vu de ma vie.

— Bonjour ! a-t-il dit en souriant. Tu me reconnais ?

J'ai pensé : « Non ! Je ne t'ai jamais vu. Quel est ton nom, déjà ? »

Je me suis forcée à lui rendre son sourire et j'ai répondu :

— Attends voir ! Le garçon à la soirée de Maryse Coaillier, c'est ça ?

C'était parfait ! Amical avec juste une touche de sarcasme.

— *Si, Señorita !* a-t-il répondu en riant. Comme tu ne m'as pas parlé durant des mois, j'ai pensé que tu avais reçu un coup sur la tête et que tu étais devenue amnésique. Ou que je t'avais offensée.

Même si je n'en avais pas envie, je lui devais une explication.

— Tu as sans doute appris que ma sœur est très malade...

— Je sais. Je suis réellement désolé. Je suis certain que ça a été dur. Tu n'as pas à t'excuser. Comment va-t-elle ?

Heureusement, je n'ai pas eu à répondre. Sarah est apparue derrière Jocelyn. Elle nous a salués joyeusement. C'était presque trop amical. Je me suis demandé s'ils n'étaient pas de mèche.

— Qu'est-ce que vous faites ? a chuchoté Sarah.

— On s'apprête à étudier les verbes irréguliers, a répondu Jocelyn.

— Est-ce que je peux vous distraire une minute pour vous montrer ceci ? a-t-elle demandé en riant.

Elle a posé sur la table les épreuves de quelques pages de l'album-souvenir.

— Super ! a dit Jocelyn. Qu'est-ce que tu en penses, Élisa ?

À côté de la photo de chaque finissant, il y avait sa photo de première secondaire et une liste des dix choses les plus importantes qu'il avait apprises depuis que la première photo avait été prise. Certaines listes étaient drôles, d'autres étaient sérieuses. Elles reflétaient la personnalité de chacun.

— C'est fantastique ! ai-je dit. Qui a eu cette idée ?

— Moi ! a répondu Sarah en riant. Je suis contente que vous l'aimiez. Élisa, si tu veux, viens avec Jocelyn à la prochaine réunion du comité de rédaction de l'album-souvenir. On a toujours besoin d'aide.

— Merci, ai-je dit. Peut-être que j'irai.

Elle a rangé ses épreuves et nous a quittés en disant :

— Salue Julie de ma part !

« Salue Julie ! Comment ? On ne se parle même plus. »

Maman allait au manoir tous les jours. Mais j'étais trop blessée et trop furieuse. Plus que tout, j'avais trop honte. Julie avait vu juste. Ce que j'avais fait était pathétique : me cacher au manoir pour ne pas avoir à me faire d'amis par moi-même et laisser croire que j'y allais parce que ma sœur avait besoin de moi, alors que c'était l'inverse.

Je n'étais pas comme Aline, j'étais pire. Au moins, Aline allait au manoir pour donner. J'y allais pour prendre, pour demander à des malades de m'accorder leur soutien moral.

C'était embarrassant.

Puis un jour, Solange m'a appelée. Je suppose qu'elle avait obtenu mon numéro de téléphone d'un membre du personnel. Elle m'a suppliée :

— S'il te plaît ! Viens me voir. Viens me raconter une histoire de jumelles.

Solange avait besoin de moi. Ça semblait une raison valable pour retourner au manoir.

— Élisa ! a crié Solange en me voyant.

Elle s'est jetée dans mes bras. J'étais contente de la voir, moi aussi.

— Tu es en retard, s'est-elle plainte. Où étais-tu ?

— J'ai dû rencontrer des amis après la classe.

— Des amis de ton âge ?

— Ouais. Mais c'était pour une activité scolaire.

Pour une fois, c'était vrai. J'avais finalement accepté de donner un coup de main à la rédaction de l'album-souvenir et j'aimais ça. Sarah avait raison : l'équipe de rédaction était plus discrète que celle des meneuses. J'étais à l'aise dans la salle de rédaction.

C'est à ce moment-là que Roger est arrivé dans le salon. Quand il m'a vue, il a été tellement surpris qu'il a failli laisser tomber le plateau qu'il portait. Il a crié à la ronde :

— Élisa est là !

Des patients, le docteur Ambroise et le docteur Robin sont venus me saluer.

Je m'inquiétais de l'accueil qu'ils me feraient après deux mois d'absence. J'avais peur qu'ils me jugent sévèrement. Mais non, ils m'ont embrassée et m'ont dit qu'ils étaient contents de me voir.

Il y avait quelque chose d'un peu hystérique dans leur accueil ; ils étaient trop heureux de me voir. C'est Aline qui a vendu la mèche.

— C'est vraiment super d'être venue voir Julie. Elle a besoin de toi plus que jamais.

— Pourquoi ? De quoi parles-tu ?

Il y a eu un long silence. Ils avaient tous l'air mal à l'aise.

— Tu n'es pas au courant ? m'a demandé Aline.

— Au courant de quoi ?

Andrée Sergerie s'est approchée de moi. Quelqu'un avait dû aller la chercher. Elle m'a dit :

— Béatrice est morte, Élisa.

— Quoi ?

— Elle est morte la semaine dernière.

— Non !

— On pensait que c'était la raison de ta présence ici. J'espérais que Julie t'avait appelée.

— Pourquoi maman ne m'a rien dit ?

— Julie lui a demandé de ne pas t'en parler. Je suppose qu'elle pensait que ça te dérangerait.

« Que ça me dérangerait ! » C'est le moins qu'on puisse dire !

— Je dois voir Julie, ai-je dit calmement.

Quand j'ai ouvert la porte, Julie feuilletait un

magazine dans son lit. Elle était affreuse : son visage était bouffi et ses yeux étaient rouges et enflés. Je ne savais pas si c'était dû aux médicaments ou aux larmes.

Elle n'a rien dit en me voyant, mais elle a refermé son magazine.

J'ai regardé l'autre lit, impeccablement fait. Elle l'a regardé aussi. Puis on a détourné les yeux, en silence.

— Je m'excuse, ai-je dit finalement. Je m'excuse d'avoir menti. Je m'excuse de m'être fâchée. Ça me fait vraiment de la peine pour Béatrice.

— Moi aussi, a-t-elle dit en pleurant à chaudes larmes.

Je me suis précipitée vers elle. Je l'ai prise dans mes bras et je l'ai bercée en lui disant :

— Tu n'as pas besoin de t'excuser, Julie. Tu avais raison sur tout. C'est moi qui dois m'excuser. Et je m'excuse. Ne pleure pas. S'il te plaît. Béatrice ne voudrait pas que tu pleures.

— Je ne pleure pas pour Béatrice. Je pleure pour toi.

« Pour moi ? »

— Qu'est-ce que tu vas faire, Élisa ? Qu'est-ce que tu vas faire ?

— Qu'est-ce que tu veux dire, Julie ?

— C'est terrible de perdre la seule personne qui te comprend, la seule personne avec qui tu peux tout partager. On est si solitaire.

— Mais ça devrait être *moi*, cette personne. Je sais que tu étais proche de Béatrice. Mais tu ne peux pas essayer d'être proche de moi, comme avant ? C'était moi la personne avec qui tu partageais tout. Pourquoi as-tu arrêté ?

— Je ne veux plus partager ma vie avec toi. Tu ne comprends pas ? Je n'ai rien d'autre à partager avec toi que la douleur et la peur et la tristesse. C'est pour ça que je ne voulais pas de toi ici. Je n'essayais pas de t'exclure. C'était le seul moyen que j'avais pour t'obliger à te faire des amis, à avoir des activités. Mais tu avais raison : j'ai mis trop de pression sur tes épaules. J'avais besoin de savoir que tu pouvais continuer sans moi, que ton bonheur ne dépendait pas de moi.

Elle s'est assise et s'est éclairci la voix.

— Tu ne peux plus compter sur moi, Élisa.

Elle m'a regardée longuement, comme si elle n'arrivait pas à se décider à me dire quelque chose. Elle a mis sa main sur la mienne et j'ai remarqué à quel point elle était devenue frêle.

— Tu ne peux plus compter sur moi parce que je vais mourir, a-t-elle dit tranquillement.

Dès qu'elle l'a dit, j'ai compris que je le savais depuis longtemps. Je repoussais cette idée le plus loin possible, parce que la vie sans Julie serait…

Il n'y a pas de mots pour décrire ce que je ressentais.

Je l'ai prise de nouveau dans mes bras et je l'ai serrée de toutes mes forces. Si je la serrais assez fort, elle ne mourrait pas. Elle ne pouvait pas mourir. Elle était ma sœur, ma jumelle, ma meilleure amie.

Mais je ne pouvais pas la retenir. Personne ne le pouvait. Toutes les deux, on le savait.

— Je suis désolée, a-t-elle sangloté encore au creux de mon épaule.

Je ne me souviens même pas d'avoir quitté le Manoir de l'Espoir ce soir-là. Tout ce que je me rappelle, c'est d'avoir marché pendant des heures et des heures. Finalement, je me suis reposée sur un banc en face du petit casse-croûte, là où on s'était assises avant la rentrée des classes. Des voitures circulaient, des jeunes entraient et sortaient du restaurant comme s'ils n'avaient pas un seul problème au monde.

Je ne leur en voulais pas. Ils avaient le droit d'être heureux. Ils avaient le droit de rire, de flirter, de faire les fous. Ils avaient le droit de grandir.

Et moi aussi.

Cela est devenu très clair pour moi. Il ne me restait plus qu'une chose à faire pour Julie, et c'était de lâcher prise. Je devais continuer ma vie et la laisser terminer la sienne comme elle le voulait. Elle se sentait responsable de moi. Elle l'avait toujours été. Il était temps que je la laisse tranquille.

Le lendemain, je me suis dépêchée d'aller au manoir dès la fin des classes. Je suis entrée sans frapper, comme si j'entrais dans notre chambre à la maison.

Julie avait beaucoup pleuré. Je le voyais à ses

yeux rouges et au nombre de mouchoirs éparpillés sur le plancher. J'avais envie de pleurer, moi aussi, mais j'ai retenu mes larmes.

— J'ai compris, lui ai-je dit en ravalant mes larmes. Tu n'as plus besoin de t'en faire. Tu avais raison. Je passe plus de temps à l'école, avec des amis. Crois-le ou non, je passe des après-midi entiers avec Sarah et Jocelyn.

Julie s'est mouchée.

— Vraiment ? a-t-elle dit, sur son ton sarcastique d'autrefois.

— Vraiment ! Je les aide à préparer l'album-souvenir. On corrige des textes et puis on va au casse-croûte.

— Alors, parle-moi de Jocelyn. Est-il toujours intéressé ? Penses-tu qu'il t'aime ? L'aimes-tu ?

On a pouffé de rire. Je l'ai prise dans mes bras. On est restées assises un long moment, sans rien dire, serrées l'une contre l'autre.

— Et l'équipe des meneuses ? m'a-t-elle demandé finalement.

— Je ne pense pas que je vais continuer.

— Élisa ! Si je te promets de ne pas avoir peur de mourir, vas-tu me promettre de ne pas avoir peur de Catherine ?

— Ça n'a rien à voir avec Catherine. Et je n'ai pas peur d'y aller toute seule. C'est juste que je préfère l'équipe de l'album-souvenir.

Elle avait l'air déçue.

— J'ai découvert que l'équipe des meneuses a toujours été plus importante pour toi que pour moi. À mes yeux, c'était uniquement une activité qu'on pouvait partager, lui ai-je expliqué.

La porte s'est ouverte et Solange est entrée.

— Tu es supposée être avec moi, m'a-t-elle dit d'un ton boudeur. De quoi parlez-vous ?

Julie et moi, on a échangé un regard. Comment expliquer à une enfant de cinq ans qu'on parlait de la mort ? Puis je me suis rendu compte qu'on ne parlait pas de la mort, mais de la façon de tirer le meilleur parti de la vie.

— Qu'est-ce que tu as dans la main ? a demandé Julie à Solange.

La petite fille a ouvert sa main et ma sœur a reconnu la photo. Elle s'est écriée :

— C'est nous ! C'est nous et le chien perdu !

— Ça fait longtemps que tu me l'as donnée, m'a dit Solange en reprenant la photo pour la lisser. Elle est toute froissée. M'en apporterais-tu une autre ?

Tout à coup, j'ai eu une idée. Julie et moi, on pouvait faire quelque chose qui aurait du sens pour nous deux. Ce qu'on pouvait encore partager, c'était le passé. On avait partagé ce passé avec Solange, et il avait pris une grande importance à ses yeux. Peut-être qu'il apporterait quelque chose à d'autres enfants, aussi.

CHAPITRE 13

J'avais peur que maman ne soit pas d'accord. Elle avait passé des heures à placer les photos dans des albums, et je voulais les enlever.

Comme toujours, maman a été compréhensive. Elle m'a permis de prendre toutes les photos que je voulais.

Tu vois, j'avais besoin de ces photos pour le livre que, ma sœur et moi, on avait décidé d'écrire. On a choisi toutes les photos qui nous rappelaient une histoire drôle. Puis on a écrit ces histoires, tour à tour. Un chapitre donnait mon point de vue et un autre, celui de Julie.

C'était un livre amusant. Tant de souvenirs nous revenaient en mémoire. Par exemple, celui d'un garçon de notre âge qui avait emménagé dans la maison voisine. Le jour de son arrivée, Julie s'était présentée à lui comme la fille la plus rapide du monde. Pour le prouver, elle lui avait lancé un défi : faire le tour du pâté de maisons, elle à pied, lui à bicyclette. Il avait pédalé de toutes ses forces, mais j'attendais à la ligne d'arrivée. Un tour de jumelles !

Il y avait beaucoup de photos et beaucoup d'histoires. J'avais peur qu'on ne finisse pas à temps, mais on a réussi grâce à Sarah. Elle a trouvé des commanditaires pour l'impression du livre et s'est occupée de la mise en pages. Elle a vraiment été une amie pour nous pendant ces dernières semaines. Et Jocelyn aussi.

Il a réussi à faire imprimer notre livre par les imprimeurs de l'album-souvenir.

Parole de jumelles est maintenant en vente à la boutique de cadeaux de l'hôpital Saint-Étienne. Les recettes sont versées au Manoir de l'Espoir. L'ouvrage est dédié ainsi : « À Solange, Sarah et Jocelyn, sans qui ce livre n'existerait pas ! »

À la dernière page, on voit une photo de Julie et de moi assises sur son lit au Manoir de l'Espoir. Elle a un foulard sur la tête, et son visage est boursouflé à cause des stéroïdes. Mais tous ceux qui voient cette photo disent qu'on a encore l'air de jumelles. On a eu beaucoup de compliments pour ce livre, mais c'est celui qui me fait le plus plaisir.

Julie est morte à la fin mai. Je n'étais pas là, mais maman était avec elle. Elle m'a assurée que Julie n'avait pas souffert, que ses derniers instants avaient été très calmes.

Le matin des funérailles, je suis allée en classe comme je l'avais promis à ma sœur. Elle avait peur que les élèves ne respectent pas sa volonté si je n'y allais pas.

Elle avait exigé qu'il n'y ait pas la traditionnelle minute de silence. Ce que Julie voulait, c'était une minute de bruit, et elle l'a obtenue.

Il y a eu un rassemblement en l'honneur de Julie. Catherine a mené son équipe sur la scène et, quand elle a donné le signal, tous les élèves se sont levés et ont lancé un long cri de joie.

C'était fantastique. Tu aurais dû entendre ça. C'était assez bruyant pour soulever le toit.

Et peut-être que, quelque part, Julie l'a entendu, elle aussi. Je l'espère. Elle aurait adoré ça.

REMERCIEMENTS

Au cours de mes recherches pour écrire ce roman, quelques personnes très douées et très dévouées ont trouvé du temps, malgré leur horaire chargé, pour répondre à mes questions, me fournir des documents et me prêter des livres. J'aimerais remercier le docteur Kirk E. Heyne, le docteur Eileen T. Sheehy, le docteur Beverly Raney, le docteur Zoann Dreyer et Janet Batliner, CSW-ACP. Il est rassurant de constater que le milieu médical spécialisé dans le traitement du cancer compte tant de personnes aussi extraordinaires. Leur aide a été inestimable.

L'auteure aimerait également rappeler aux lecteurs que l'histoire de Julie et d'Élisa est fictive. Le traitement contre le cancer décrit dans ce roman est un tableau composite qui ne doit pas être considéré comme une étude de cas. Ceux qui voudraient avoir des réponses spécifiques et complètes à leurs questions sur le cancer devraient contacter les organismes locaux, comme la Fondation québécoise du cancer. Cette société a créé Info-Cancer, un service gratuit qui permet aux citoyens d'avoir accès à des renseignements sur tous les aspects du cancer, et Télé-Cancer, un service animé par des bénévoles qui apportent du réconfort aux malades. Depuis 1988, l'hôtellerie de Montréal et l'hôtellerie de Sherbrooke accueillent les malades qui vivent en régions éloignées et qui doivent recevoir des traitements de chimiothérapie ou de radiothérapie.

Le secret de Kim

Kim a un secret...

Kim, qui vient tout juste de déménager de Clermont à Somerval, doit faire face aux problèmes habituels : s'adapter à une nouvelle école, s'habituer à une nouvelle maison, se faire de nouveaux amis. Mais il y a une chose à laquelle elle ne peut pas s'habituer : la terrible maladie qu'elle a contractée lors d'une transfusion sanguine.

Forcée de quitter Clermont à cause du traitement horrible que lui réservaient ses camarades et ses voisins, Kim s'est juré que personne, à Somerval, ne connaîtrait son état. Suivie par une conseillère au Manoir de l'Espoir, elle y fait la connaissance de David, un jeune bénévole atteint de leucémie. Son soutien et son amour lui redonneront le courage de profiter de la vie.

Mais l'état de David s'aggrave dangereusement, et Kim se demande pendant combien de temps elle pourra se raccrocher à son nouveau bonheur.

*   *   *

Les yeux du cœur

Jessica voit la vie sous un autre jour...

La meilleure amie de Suzanne, Jessica, est jolie, intelligente et possède de véritables talents artistiques. Elle a tout pour attirer l'attention des autres.

Ce n'est pas facile d'avoir une amie telle que Jessica ; quelquefois, Suzanne se sent plutôt moche par comparaison.

Un jour, Suzanne est le témoin impuissant d'un accident ; Jessica se fait renverser par une voiture. Ses blessures ne sont pas graves, mais la cause de l'accident est bouleversante : Jessica, petit à petit, perd la vue.

Jessica s'éloigne de ses amis, de sa famille et surtout de sa passion : l'art. Elle se referme peu à peu sur elle-même.

Suzanne arrivera-t-elle à persuader Jessica que le talent d'une artiste ne réside pas dans ses yeux, mais dans son cœur ?

*   *   *

Ma sœur, ma rivale

Aussi spéciale que Jasmine...

La sœur aînée d'Isabelle, Jasmine, est une fille parfaite. C'est du moins l'impression d'Isabelle. Son plus grand rêve est d'être un jour aussi spéciale que Jasmine.

Peu après son quatorzième anniversaire, les espoirs d'Isabelle s'écroulent : elle apprend qu'elle est atteinte d'une très grave maladie.

La maladie d'Isabelle a des répercussions sur sa famille, surtout sur Jasmine. Tout à coup, Jasmine ne se comporte plus comme la grande sœur idéale qu'elle a toujours été.

Au Manoir de l'Espoir, endroit où les jeunes gravement malades sont admis, Isabelle rencontre Éric, un survivant du cancer qui comprend ce qu'est la peur de la souffrance et de la maladie.

Avec l'aide d'Éric, Isabelle parvient à montrer à Jasmine, à ses parents et à elle-même que la perfection n'est pas aussi importante que l'amour.

*   *   *

L'enfer de Zabée

La vie de Zabée est un enfer...

Depuis des mois, elle ne pense qu'à s'empiffrer de nourriture pour ensuite la régurgiter. Mais lorsque la boulimie devient un danger mortel pour elle, on l'admet au Manoir de l'Espoir, une résidence destinée aux jeunes gravement malades.

Zabée n'accepte pas ce séjour forcé au manoir. Elle ne pense plus qu'à une chose : s'enfuir.

Lorsqu'elle apprend qu'une autre adolescente vient partager sa chambre, elle est furieuse. Et sa fureur redouble d'intensité à l'arrivée de Laurence Quesnel. Depuis sa plus tendre enfance, Zabée connaît cette belle fille chez qui la perfection semble innée. Et pourtant il s'avère que Laurence n'est pas aussi parfaite qu'on le croit : elle est anorexique.

Ces ennemies de toujours sont maintenant réunies dans un complot pour s'évader du manoir. L'aventure qui les a rapprochées va-t-elle mettre leur vie en danger ?

*   *   *

Adieu, ma seule amie !

Star est unique en son genre…

Star fait tout avec style et humour. Mais son imagination et son humour ne peuvent la protéger de la fibrose kystique, une maladie mortelle dont elle souffre depuis sa naissance.

À cause de sa maladie, Star n'est jamais allée à l'école ; elle n'a jamais été à la danse avec des filles de son âge ; elle n'a jamais eu d'amie.

Quand sa maladie s'aggrave, Star est admise au Manoir de l'Espoir. Et, c'est là qu'elle fait la connaissance de Corinne. Celle-ci est une des filles les plus populaires de son école ; elle a un amoureux ; elle est tout ce que Star a rêvé d'être.

Corinne a toujours été en bonne santé. Les malades la mettent mal à l'aise. Elle a très hâte de retrouver une vie normale. Star n'ose pas lui dire la vérité sur sa fibrose kystique.

Lorsque Corinne découvrira à quel point elle est malade, Star perdra-t-elle sa première grande amie ?

ACHEVÉ   D'IMPRIMER
EN   JUILLET   1995
SUR   LES   PRESSES   DE
PAYETTE & SIMMS INC.
À SAINT-LAMBERT (Québec)